谨以此书

纪念中国共产党

创建九十五周年

张显 储峰 王国娟 编著

中共先驱领袖

名言录

人民出版社

# 出版说明

为纪念中国共产党创建九十五周年，人民出版社组织编写了本书。本书内容均出自人民出版社 2014 年出版的大型丛书《中国共产党先驱领袖文库》，该《文库》是新中国成立前就义或辞世的无产阶级革命家著作的首次全面集成，收集了二十余位无产阶级革命家的文集或全集，他们均为中共早期革命运动领袖，或为党的创始人，或为工人、农民、青年、妇女等运动的杰出领导人。他们与毛泽东、周恩来、刘少奇、朱德等一道组成了我党早期领袖群体，为党的创建、发展、壮大，为民族的解放，为新中国的诞生做出了不可磨灭的贡献。

本书内容为先驱领袖们在党性、爱国、工作、修养以及学习等五个方面的警句或名言，从一个侧面反映了先驱领袖们的崇高精神和伟大思想，是我们实现中华民族伟大复兴中国梦的强大思想武器和精神动力。

人民出版社

二〇一六年六月

# 目　录

## | 工作篇 |

## | 修养篇 |

## | 学习篇 |

# 党 性 篇

★决不能动摇我们的信仰

★革命的红旗永远不倒

★捍卫党的统一、纪律和领导机关的威信

★保持党员的素质与我们党的优良传统

# 决不能动摇我们的信仰

人生最高之理想，在求达于真理。

——李大钊

《李大钊全集》（第二卷），人民出版社 2013 年版，第 148 页

全体同志要好好工作，为无产阶级和全人类的解放和共产主义的彻底实现而奋斗到底！

——王尽美

《王尽美文集》，人民出版社 2011 年版，第 88 页

不干革命就没有危险，要干革命就一定有危险。

——刘志丹

《刘志丹文集》，人民出版社 2012 年版，第 64 页

共产党员——这是一个极尊贵的名词，我加入了共产党，做了共产党员，我是如何的引以为荣呵！从此，我的一切，直至我的生命都交给党去了！

——方志敏

《方志敏全集》，人民出版社 2012 年版，第 24 页

方志敏（1899—1935），中国无产阶级革命家、军事家，杰出的农民运动领袖。江西省弋阳县人，1922年加入中国社会主义青年团，1924年转入中国共产党。在20世纪二三十年代，领导了江西的农民运动和武装斗争。1927年深秋在江西赣东北领导了弋(阳)、横(峰)武装暴动，1930年创建了红十军，1932年建立了赣东北—闽浙(皖)赣革命根据地。历任中共弋横中心县委书记、闽浙赣省委书记，信江、赣东北省和闽浙赣省苏维埃政府主席，红十军政治委员等职。是中共第六届中央委员。1934年11月任中国工农红军第十军团（中国工农红军北上抗日先遣队）军政委员会主席，率领中国工农红军北上抗日先遣队，向国民党统治中心区域挺进。1935年1月在江西省怀玉山区遭国民党军重兵包围，29日在怀玉山区高竹山被捕。同年8月6日在南昌英勇就义，时年36岁。

我能丢弃一切，惟革命事业，却耿耿在怀，不能丢却！

——方志敏

《方志敏全集》，人民出版社 2012 年版，第 115 页

敌人只能砍下我们的头颅，
决不能动摇我们的信仰！
因为我们信仰的主义，
乃是宇宙的真理！

——方志敏

《方志敏全集》，人民出版社 2012 年版，第 141 页

我真诚地爱我阶级兄弟，爱我们的党，爱我中华民族。为着阶级和民族的解放，为着党的事业的成功，我毫不希罕那华丽的大厦，却宁愿居住在卑陋潮湿的茅棚；不希罕美味的西餐大菜，宁愿吞嚼剌口的苞粟和菜根；不希罕舒服柔软的钢丝床，宁愿睡在猪栏狗窠似的住所！不希罕闲逸，宁愿一天做十六点钟工的劳苦！不希罕富裕，宁愿困穷！不怕饥饿，不怕寒冷，不怕危险，不怕困难。屈辱，痛苦，一切难于忍受的生活，我都能忍受下去！这些都不能丝毫动摇我的决心，相反的，是更加磨炼我的意志！我能舍弃一切，但是不能舍弃党，舍弃阶级，舍弃革命事业。我有一天生命，我就应该为它们工作一天！

——方志敏

《方志敏全集》，人民出版社 2012 年版，第 159—160 页

　　苏兆征 (1885—1929)，中国无产阶级革命家，中国早期工人运动领导人。广东香山淇澳岛（今属珠海）人。原为海员，早年加入同盟会。1922 年 1 月领导香港海员大罢工，曾任中华海员工会联合总会代会长。1925 年加入中国共产党。同年参加领导省港大罢工，任罢工委员会委员长。后任全国总工会委员长、武汉国民政府劳工部长。大革命失败后，参加制订广州起义计划，被选为广州苏维埃政府（广州公社）主席。1928 年赴莫斯科参加赤色职工国际第四次代表大会和共产国际第六次代表大会。是中共第五届中央政治局候补委员，临时中央政治局常委，第六届中央政治局常委。1929 年 2 月 25 日在上海病逝。

我们应始终保持住坚定的革命的先进意识，对工作要有光明前途的信心，要有不屈不挠的奋斗精神，要有富贵不能淫，贫贱不能移，威武不能屈的坚毅勇气，不要见胜利虚骄，见困难则消沉。

——陈潭秋

《陈潭秋文集》，人民出版社 2013 年版，第 270 页

大家共同努力奋斗，大家同心合力起来，一致合作达到我们最后成功。

——苏兆征

《苏兆征文集》，人民出版社 2013 年版，第 173 页

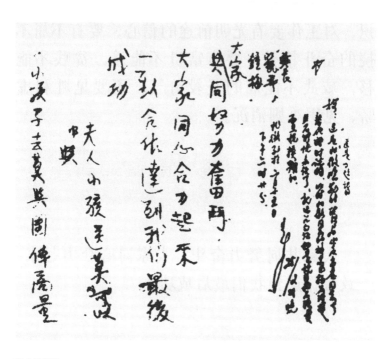

苏兆征手迹

# 革命的红旗永远不倒

爱人道，便该为人道牺牲。爱真理，便该为真理牺牲。爱自由，便该为自由牺牲。爱平等，便该为平等牺牲。爱共和，便该为共和牺牲。爱的方法便是牺牲，牺牲的精神便是爱。

——李大钊

《李大钊全集》（第三卷），人民出版社 2013 年版，第 82 页

　　李大钊（1889—1927），中国共产主义运动的先驱、中国伟大的马克思主义者，中国共产党的主要创始人和早期领导人。原名耆年，字寿昌，后改名大钊，字守常，直隶乐亭（今属河北）人。1913年毕业于天津北洋法政专门学校。同年冬赴日本留学，入早稻田大学政治本科学习。1916年5月回国，任北京《晨钟报》编辑部主任、《甲寅》日刊编辑，参加新文化运动。1918年1月任北大图书馆主任，并参加《新青年》编辑部工作。俄国十月革命胜利后，率先接受和传播马克思主义，同陈独秀创办《每周评论》，积极领导五四运动。1920年春与陈独秀开始酝酿组建中国共产党，3月组织北京大学马克思学说研究会。是年10月创建北京中国共产党早期组织。1924年1月出席中国国民党第一次全国代表大会，参与审定大会宣言和国民党章程草案，当选为中央执行委员，并负责国民党中央北京执行部工作。是中共第二至第四届中央委员。1926年"三一八"惨案后，继续领导北方地区的革命斗争，以策应北伐战争的胜利进行。1927年4月6日被奉系军阀逮捕，28日在北京英勇就义。

人生的目的，在发展自己的生命，可是也有为发展生命必须牺牲生命的时候。因为平凡的发展，有时不如壮烈的牺牲足以延长生命的音响与光华。绝美的风景，多在奇险的山川。绝壮的音乐，多是悲凉的韵调。高尚的生活，常在壮烈的牺牲中。

——李大钊

《李大钊全集》（第三卷），人民出版社 2013 年版，第 107 页

历史的道路，不全是坦平的，有时走到艰难险阻的境界，这是全靠雄健的精神才能冲过去的。

——李大钊

《李大钊全集》（第四卷），人民出版社 2013 年版，第 487 页

　　人类在历史上的生活，正如旅行一样。旅途上的征人所经过的地方，有时是坦荡平原，有时是崎岖险路。老于旅途的人，走到平坦的地方，固是高高兴兴的向前走，走到崎岖的境界，愈是奇趣横生，觉得在此奇绝壮绝的境界，愈能感得一种冒险的美趣。

——李大钊

《李大钊全集》（第四卷），人民出版社 2013 年版，第 487 页

主义真是一个有力量的东西。人每每因为一种革命的主义能解决自己与社会主义的苦痛，不惜牺牲一切为主义奋斗。多少被压迫者集合在这种主义的旗帜之下，多少革命的志士为主义流血啊！

——恽代英

《恽代英全集》（第八卷），人民出版社 2014 年版，第 144 页

浪迹江湖忆旧游，
故人生死各千秋。
已摈忧患寻常事，
留得豪情作楚囚。

——恽代英

《恽代英全集》（第九卷），人民出版社 2014 年版，第 305 页

我们并不怕死，
胜利就在我们眼前！
铁壁和铜墙，
手铐和脚镣，
锁得住我们的身，
锁不住我们的心！

——恽代英

《恽代英全集》(第九卷)，人民出版社 2014 年版，第 307 页

从前有勉励青年人的几句话，叫做"迢迢望南山，路远莫之致，行行重行行，千里亦云易"，革命事业，便是我们青年眼睛仰望着步履趋向着的"南山"。

——张太雷

《张太雷文集》，人民出版社 2013 年版，第 422 页

永远跟着党走，要坚持真理，经得起各种各样的考验，要用生命来卫护党的团结，捍卫党的利益……

……战士们虽然在红旗下倒下，但革命的红旗永远不倒，它随着战士的血迹飘扬四方！这，就是我们的胜利！

——王若飞

《王若飞文集》，人民出版社 2014 年版，第 106 页

为谋解放头可断，
留得清白在人间。

——王若飞

《王若飞文集》，人民出版社 2014 年版，第 140 页

慷慨登车去，
相期一节全。
残躯何足惜，
大敌正当前。

——罗亦农

《罗亦农文集》，人民出版社 2011 年版，第 400 页

我们绝不是偷生怕死的人，我们为革命而生，更愿为革命而死！

——方志敏

《方志敏全集》，人民出版社 2012 年版，第 100 页

我们临死前，对全党同志诚恳的希望，就是全党同志要一致团结在中央领导之下，发扬布尔什维克最高的积极性、坚决性、创造性，用尽自己的体力和智力，学习列宁同志"一天做十六点钟工作"的榜样，努力为党工作！

——方志敏

《方志敏全集》，人民出版社 2012 年版，第 104 页

干革命，不能怕失败，我们要学会从失败中总结经验，记取教训。

——刘志丹

《刘志丹文集》，人民出版社 2012 年版，第 64 页

# 捍卫党的统一、纪律和领导机关的威信

　　党教育党员，是要教成有政治自觉的战士，而不是要教成随声附和的奴才，不是要教成看鞭影而行止的牛马，不是要教成纯粹的雇佣劳动。

——陈独秀

《陈独秀文集》（第四卷），人民出版社 2013 年版，第 216 页

  陈独秀 (1879—1942)，中国共产党的主要创始人和早期领导人之一。字仲甫，安徽怀宁（今安庆）人。早年留学日本。1915 年起主编《新青年》，提倡民主与科学。1917 年任北京大学文科学长。1918 年与李大钊等创办《每周评论》，倡导新文化，是五四新文化运动的主要组织者和领导者。五四运动后接受和宣传马克思主义。1920 年在上海成立第一个共产主义小组，并发起成立中国共产党。1921 年 7 月在中国共产党第一次全国代表大会上，被选为中央局书记。至 1927 年，一直担任党的主要领导工作。大革命失败后，在"八七"会议上被撤销总书记职务。在离开中央领导岗位后，曾被推选为中国托派组织的首领。1932 年被国民党政府逮捕，抗战爆发后出狱。1942 年 5 月 27 日病逝于四川江津。

不能在党内民主的借口下，纵容无纪律现象、庸俗的派系斗争和无原则的纠纷。

——瞿秋白

《瞿秋白文集：政治理论编》（第六卷），人民出版社 2013 年版，第 275 页

各级党组织的职责是要坚定地捍卫党的统一、党的纪律和党的领导机关的威信，反对个别同志的一切非组织行为。

——瞿秋白

《瞿秋白文集：政治理论编》（第六卷），人民出版社 2013 年版，第 275 页

瞿秋白 (1899—1935), 中国无产阶级革命家, 中国共产党早期领导人。又名霜, 江苏常州人。1917 年入北京俄文专修馆学习。1920 年以《晨报》记者身份采访苏俄, 报道十月革命。1922 年加入中国共产党。1925 年 1 月在中共四大上当选为中央执行委员会委员、中央局委员。1927 年国民党叛变革命后, 主持召开八七会议, 任中共中央临时政治局常委、主席。1928 年去莫斯科参加中共六大和共产国际六大, 当选为中国中央政治局委员、中共驻共产国际代表团团长和共产国际执委会委员、主席团委员。1930 年回国, 主持召开中国六届三中全会, 纠正"左"倾错误。1931 年 1 月在中共六届四中全会上遭共产国际代表米夫及其支持的王明等人排挤, 被解除中央领导职务。后在上海与鲁迅一起领导左翼文化运动。1934 年进入中央苏区。中央红军主力长征后, 留在苏区, 任中国苏区中央分局宣传部长兼中央办事处教育部长。1935 年 2 月在突围转移中, 在福建长汀遭国民党军队包围被俘, 6 月 18 日在长汀就义。

党内问题上，先讲自我批评工作。我们是要给全党以及群众看，党有错误是不自己隐藏的，而向群众宣布的，这才是布尔什维克党的特有精神，才是反对无原则斗争的最有力武器。

——瞿秋白

《瞿秋白文集：政治理论编》（第七卷），人民出版社 2013 年版，第 25 页在党军中间，党高于一切。但这并不是说我们只应当讲党纪，不必管什么军纪。所谓党高于一切，是说军队不能违背党的主义，所以军纪是在党纪监视之下的；同时亦是说军队是完全为党的主义工作的，只有严整的军纪可以集中革命的力量，有充分的力量可以打倒一切反革命的敌人，所以军纪亦是党所应极力注意。党纪是要保障革命的军纪，决不是来破坏这种军纪的。

——恽代英

《恽代英全集》（第八卷），人民出版社 2014 年版，第 49 页

我们应当互相警惕，努力振奋，扑灭一切暮气，亦扑灭一切骄气。我们应当合全部同志之力，建立更好的党纪，同时亦建立更好的军纪。

——恽代英

《恽代英全集》（第八卷），人民出版社 2014 年版，第 51 页

我们要团结精神统一意志。我们必须注意纪律的重要。若是养成了无纪律的生活习惯，精神是不会能团结的，意志是不会能统一的。

——恽代英

《恽代英全集》（第八卷），人民出版社 2014 年版，第 118 页

恽代英 (1895—1931)，中国无产阶级革命家，中国共产党早期领导人，青年运动领袖。又名蓬轩，字子毅，江苏武进人，生于湖北武昌。武昌中华大学毕业。五四运动时参加领导武汉学生爱国运动。1920年创办利群书社。1921年加入中国共产党。1923年起任青年团中央宣传部长及《中国青年》主编、上海大学教授、黄埔军校政治总教官兼中共党团书记、广州农民运动讲习所教员、武汉中央军事政治学校总教官。大革命失败后，参加领导南昌起义和广州起义。1928年后任中共中央宣传部秘书长、中共中央组织部秘书长，主编《红旗》。国共合作时期曾任国民党第二届中央执行委员，是中共第五、第六届中央委员。1930年5月在上海任中共沪东区委书记时被国民党当局逮捕，1931年4月29日在南京狱中遭杀害。

没有真正的革命党员是可以不遵守纪律的。没有纪律，就没有统一的团结，就没有力量做任何事情。

——恽代英

《恽代英全集》（第八卷），人民出版社 2014 年版，第 118 页

共产党员是党的一个细胞，共产党的每个细胞都要是很健全而富于活动力的细胞。要固执错误的思想，不受党的训练，对于党的意思怠工，不肯传布到群众中去的人，根本不合于做共产党员，应当将他们踢到共产党的门外去。

——恽代英

《恽代英全集》（第八卷），人民出版社 2014 年版，第 348 页

在革命范围以内的批评与讨论，实在是革命成功的要素，因为革命的成功是过去革命运动错误中得来之教训之累积，而只有批评是能使我们知道错误，并从错误中得到教训。

——张太雷

《张太雷文集》，人民出版社 2013 年版，第 363 页

军队作战是要有指挥能力的司令，何况一个革命运动，当然是需要一个有领导能力的党，不然革命势力就如散沙一般，无从作战。

——张太雷

《张太雷文集》，人民出版社 2013 年版，第 448—449 页

铁的组织和铁的纪律对于无产阶级共产党是非常重要的。没有这样的组织和纪律，不能成功无产阶级革命。

——蔡和森

《蔡和森文集》（下），人民出版社 2013 年版，第 914 页

蔡和森 (1895—1931)，中国无产阶级革命家，中国共产党早期领导人之一。湖南双峰人。1918年同毛泽东组织新民学会。五四运动后，赴法国勤工俭学。1921年冬回国，并加入中国共产党。1922年6月，出席党的二大，当选为中央执行委员会委员。9月起，任中共中央机关报《向导》周报主编。在党的三大、四大上，当选为中央局委员，参与中央领导工作。1925年参与领导五卅运动。同年去苏联，出席共产国际第五届执委会第六次扩大会议，会后任中共驻共产国际代表。1927年春回国，当选为五届中央政治局常委，随后兼任中共中央秘书长。八七会议后，赴天津参与组建和领导中共中央北方局的工作，任北方局委员、宣传部部长。1928年出席在莫斯科召开的党的六大，当选为中央政治局常委兼中央宣传部部长。1928年底，作为中共驻共产国际代表团成员派驻莫斯科。1931年初回国，3月被派往广东工作，任中共两广省委书记，同年6月在香港被港英当局逮捕，同年8月在广州英勇就义。

　　我们现在应改造真正成为列宁主义的铁的组织铁的纪律，真正成为无产阶级的民主集中制。这种真正的民主集中制和铁的纪律不是削弱党员群众及下级党部的自觉自动与创造精神的，不是弛缓党的纪律和组织。乃是强固党的纪律和组织；铲除那种旧军队式的组织毛病而改造为自觉自动的群众党的组织，铲除那种机械的宗法的纪律而代之以真正无产阶级的铁的纪律。同时由下而上的党内讨论尽可能的发展，由下而上的选举制度尽可能的采用，工农同志应尽可能的参加指导机关，党内事情应尽可能的使党员群众知道，这些都是改造组织的重要任务。但这些施行到什么程度什么界限呢？以不妨害集中制和革命行动的需要为界限。超越此界限的极端民主的要求亦是不能容许的。

——蔡和森

《蔡和森文集》（下），人民出版社 2013 年版，第 914—915 页要听从中央分配，到各自岗位上去积极工作。革命利益高于一切，要识大体顾大局。要绝对服从中央领导，听从中央调遣。

——刘志丹

《刘志丹文集》，人民出版社 2012 年版，第 77 页

铁一般的纪律便是我们共产主义者所守的纪律。

——赵世炎

《赵世炎文集》，人民出版社 2013 年版，第 559 页

　　赵世炎 (1901—1927)，中国无产阶级革命家。字琴荪，号国富，笔名施英，四川酉阳（今属重庆）人。1920年赴法国勤工俭学，1921年参加旅欧中国共产党早期组织。1922年6月与周恩来等在巴黎发起成立旅欧中国少年共产党。同年任中共旅欧支部法国组书记。1923年去莫斯科东方大学学习。1924年回国，先后任中共北京地委书记、北方区委宣传部长兼首都革命行动委员会临时党团书记，是《政治生活》周刊主编。1926年参与组织北京三一八群众示威游行。后任中共江浙区委组织部长、军委主任兼上海总工会委员长，参加领导上海工人三次武装起义。是中共第五届中央委员。1927年6月任中共江苏省委代理书记。7月在上海被国民党当局逮捕杀害。

红军为着统一战争的指挥，保障战争胜利的争取，不但需要纪律，而且需要极端森严的铁的纪律，不过红军的纪律是阶级的自觉的纪律，是要每个红色战士自觉地去遵守的，不论指挥员与战斗员都要严格遵守的。

——方志敏

《方志敏全集》，人民出版社 2012 年版，第 446 页

过去我们的党纯在被压迫期中，人数也不多，所以没有多大的纪律问题。此后情形就大不同，同志们切须明了C.P.的基本条件：1.党的思想一致；2.党的行动一致。因为C.P.如一部整个的机器，不能有某一部分之缺陷。C.P.系战斗的军队，不容有某一部队之松懈，全体同志应该要一律懂得党的策略，一致服从党的命令，共同行动，才有成功希望；如果每个同志随便行动，整个的党必将因之破坏。

——罗亦农

《罗亦农文集》，人民出版社2011年版，第276页党的权威全仗同志能够严守纪律，否则纪律松弛，党就失掉威权，就不能指挥同志向前奋斗，到此时党也就等于消灭。因［此］每一个爱党的同志，要到处严守党的纪律，时时提高党的威权，绝不丝毫有所破坏，这样才算得是个真正信仰党的党员。

——罗亦农

《罗亦农文集》，人民出版社 2011 年版，第 276—277 页其实现在有许多人拼命的攻击过去的错误而不提出积极的办法，也不过是一种机会主义。我们并不是说党不要批评，不过在批评以后，还须积极的提出以后的办法。有人用批评过去错误的方法，把自己拉开，轻轻地卸去自己的责任，更是大错误。

——罗亦农

《罗亦农文集》，人民出版社 2011 年版，第 359—360 页

罗亦农 (1902—1928)，中国无产阶级革命家。原名善扬，字慎斋，号振纲，又名觉、一农，湖南湘潭人。1921年3月参加中国共产党上海发起组。同年赴莫斯科东方大学学习。中国共产党成立后转为中共党员，任中族莫支部书记。1925年回国，历任中共中央广东临时委员会委员、广东区委宣传部长、江浙区委书记。是上海工人三次武装起义主要领导者之一。1927年起任中共江西省委书记、湖北省委书记和中共中央长江局书记。八七会议上，当选为临时中央政治局委员。同年中共中央十一月扩大会议上当选为中央政治局常委，并任中央组织局主任。是中共第五届中央委员。后在上海被国民党当局逮捕杀害。

批评过去，必须指出今后的工作，如果只是批评过去，必然会使工作停顿。在批评过去或现在的工作时，更要找住中心问题，不然就没有意义了。有许多的批评，只注意于一些零星末节，实在非常错误。零星末节的错误，只是次要的问题，我们必须分别轻重。党是要积极批评的，但不可本末倒置的批评。

——罗亦农

《罗亦农文集》，人民出版社 2011 年版，第 360 页

# 保持党员的素质与我们党的优良传统

一部分革命党员的堕落，固然是他们投机之过，同时也是缺乏民众的监督，假定民众对于革命领袖只有依赖与希望，没有自动的积极的努力去督促他前进，作他的后盾，则革命党员是极容易为恶社会所引诱，所腐化的。

——恽代英

《恽代英全集》(第八卷)，人民出版社 2014 年版，第 176 页人类的天性，终不免于有些适应环境，在地位高权重时，若在他周围只是黑暗势力包围他，没有积极的革命的势力的引诱，则他终不免于屈服。我们的问题不在某个革命党员的堕落，这是他个人的事，虽然有时我们也很可惜，我们的问题是怎样有一强固的民众运动、有一强固的革命党，能监督和选择我们的领袖，每个革命党员堕落了，就有一个候补的代替他的职务。

——恽代英

《恽代英全集》（第八卷），人民出版社2014年版，第176页我们同志无论在什么地方，什么环境必须保持着党员的素质与我们党的优良传统。

——陈潭秋

《陈潭秋文集》，人民出版社 2013 年版，第 270 页

同志们对私人生活应严加检束，发扬我们刻苦耐劳的优良传统，不为物质所动摇。社会对于青年最大的诱惑力莫过于金钱与女色，许多年轻人的堕落与腐化也大半由于不能战胜这种诱力所致。这是我们应当非常警惕的。

——陈潭秋

《陈潭秋文集》，人民出版社 2013 年版，第 270—271 页

陈潭秋 (1896—1943)，中国无产阶级革命家，中国共产党创始人之一。原名澄，字云先，湖北黄冈人。1920年参加组织武汉中国共产党早期组织。1921年7月出席中国共产党第一次全国代表大会。负责武汉党的组织工作。历任中共武汉地委委员、武汉区执行委员会委员长。曾参加国民党湖北省党部的筹建工作。大革命失败后，曾任中共江西省委书记、满洲省委书记、福建省委书记、中华苏维埃共和国中央执行委员兼粮食人民委员。中央红军主力长征后，留在苏区坚持游击战争，任中央苏区分局委员兼组织部长。1935年赴莫斯科列宁学院研究班学习，并参加中共驻共产国际代表团工作。1939年回国，化名徐杰，任中共驻新疆代表和八路军驻新疆办事处主任。是中共第五、第六届候补中央委员。1942年9月，被军阀盛世才逮捕，在狱中坚持斗争。翌年9月27日，在迪化（今乌鲁木齐）被秘密杀害。因消息隔绝，1945年在中共七大上仍当选为中央委员。

为要避免错误、落后与腐化，我们必须注意下列三点：（1）独立的工作，（2）自己的学习，（3）自觉的锻炼。特别是自觉的锻炼对于我们年轻的未经过相当修养的党员有特别重大意义。党要求我们每个同志无论在任何时期任何环境中，都要牢固地保住布尔什维克的优良素质。特别是在思想意识方面容易受社会影响而堕落。

——陈潭秋

《陈潭秋文集》，人民出版社 2013 年版，第 278—279 页

我们死也不能说假话，黑云总遮不住太阳。

——刘志丹

《刘志丹文集》，人民出版社 2012 年版，第 76 页

群众最痛恨反动政权的不廉洁，无官不贪。我们一开始就要注意这个问题，穷要有骨气，要讲贞操，受冻受饿也不能取不义之财。

——刘志丹

《刘志丹文集》，人民出版社 2012 年版，第 81 页

刘志丹 (1903—1936)，中国无产阶级革命家、军事家、西北红军和西北革命根据地的主要创建人之一。名景桂，字志丹，亦子丹，陕西保安县（今志丹县）人。刘志丹从青年时期起就投身于革命。1925年加入中国共产党，同年秋天，奉党的命令，入黄埔军官学校。1928年，与唐澎等人组织领导了渭华起义。1931年"九一八"事后后，他组织了西北反帝同盟军，任副总指挥及参谋长，后来，反帝同盟军改为中国工农红军陕甘游击支队，刘志丹历任副总指挥、总指挥等职。1932年成立红二十六军，刘志丹仍负领导责任。1935年秋，红二十六军与红二十五军会师，成立第十五军团，刘志丹任副军团长兼参谋长。随后任西北革命军事委员会副主任、北路军总指挥、红二十八军军长等职。1936年4月，刘志丹率部队东征，在山西中阳县三交镇战斗中光荣牺牲，时年33岁。

凡一切党政军干部，如有贪污 10 元大洋以上都要枪毙。

——刘志丹

《刘志丹文集》，人民出版社 2012 年版，第 81 页

我从事革命斗争，已经十余年了。在这长期的奋斗中，我一向是过着朴素的生活，从没有奢侈过。经手的款项，总在数百万元；但为革命而筹集的金钱，是一点一滴地用之于革命事业。

——方志敏

《方志敏全集》，人民出版社 2012 年版，第 162 页

清贫，洁白朴素的生活，正是我们革命者能够战胜许多困难的地方！

——方志敏

《方志敏全集》，人民出版社 2012 年版，第 164 页

邓中夏 (1894—1933)，中国无产阶级革命家，中国早期工人运动领导人之一。原名隆渤，字仲澥，湖南宜章人。1917年入北京大学学习，五四运动时是北京学联的领导人之一。1920年参加北京的中国共产党早期组织。1921年创办长辛店劳动补习学校和进步刊物《劳动者》。1922年任中国劳动组合书记部主任，参加领导长辛店铁路工人、开滦煤矿工人和京汉铁路工人大罢工。1923年参与创办上海大学。1925年领导上海日商纱厂工人二月大罢工和省港大罢工。曾任全国总工会秘书长、宣传部长，中共江苏省委兼上海市委和广东省委代书记。1928年在莫斯科在赤色职工国际第四次代表大会上当选为执委会委员，并任中华全国总工会驻赤色职工国际代表。1930年7月回国，后任中共湘鄂西特委书记、中共工农红军第二军团政委、中国革命互济会党团书记。是中共第二、第五届中央执行委员，第三、第六届候补中央委员，八七会议上当选为临时中央政治局候补委员。1933年5月在上海被国民党当局逮捕，9月在南京就义。

开会是训练党员和群众的主要方式之一，为要提高党员与群众的政治水平线，必须纠正各种会议的形式主义，而充实其内容。至于机关的铺张，工作人员的繁杂，以及用品的奢华，更是形式主义的充分表现，今后党应当坚决的与此种形式主义作无情的斗争，务使一切工作实际化，才能完成上述的任务。

——邓中夏

《邓中夏全集》（下），人民出版社 2014 年版，第 1591 页

严厉的处罚与开除党中腐化分子。

——罗亦农

《罗亦农文集》，人民出版社 2011 年版，第 336 页

# 爱 国 篇

★人人都知道保卫国家的，其国必强
★革命不得人民的拥护是不能成功和持久的
★今日欲救国家，惟有力行二字

# 人人都知道保卫国家的，其国必强

富强之本不外振农、通商、惠工。农以生之，工以成之，商以通之。

——李大钊

《李大钊全集》（第一卷），人民出版社 2013 年版，第 9 页

　　我们的扬子江、黄河，可以代表我们的民族精神。扬子江及黄河遇见沙漠、遇见山峡都是浩浩荡荡的往前流过去，以成其浊流滚滚，一泻万里的魄势。目前的艰难境界，那能阻抑我们民族生命的前进。我们应该拿出雄健的精神，高唱着进行的曲调，在这悲壮歌声中，走过这崎岖险阻的道路。要知在艰难的国运中建造国家，亦是人生最有趣味的事……

　　　　　　　　　　　　　　　　　　——李大钊

《李大钊全集》（第四卷），人民出版社 2013 年版，第 487—488 页

壮别天涯未许愁，
尽将离恨付东流。
何当痛饮黄龙府，
高筑神州风雨楼。

——李大钊

《李大钊全集》（第五卷），人民出版社 2013 年版，第 327 页

当今世界各国，人人都知道保卫国家的，其国必强。人人都不知道保卫国家的，其国必亡。

——陈独秀

《陈独秀文集》（第一卷），人民出版社 2013 年版，第 38 页

一九二〇年五月，向警予与蔡和森在法国蒙达尼学校举行了婚礼，他们的自由结合被誉为"向蔡同盟"

天地间无论什么事，能尽人力振作自强的，就要兴旺，不尽人力振作自强的，就要衰败，大而一国，小而一家，都逃不过这个道理。

——陈独秀

《陈独秀文集》（第一卷），人民出版社 2013 年版，第 64 页

国人无爱国心者，其国恒亡。国人无自觉心者，其国亦殆。二者俱无，国必不国。

——陈独秀

《陈独秀文集》（第一卷），人民出版社 2013 年版，第 82 页

　　西洋人因为拥护德、赛两先生，闹了多少事，流了多少血，德、赛两先生才渐渐从黑暗中把他们救出，引到光明世界。我们现在认定只有这两位先生，可以救治中国政治上道德上学术上思想上一切的黑暗。若因为拥护这两位先生，一切政府的压迫，社会的攻击笑骂，就是断头流血，都不推辞。

——陈独秀

《陈独秀文集》（第一卷），人民出版社 2013 年版，第 362 页

我们理想的新时代新社会，是诚实的、进步的、积极的、自由的、平等的、创造的、美的、善的、和平的、相爱互助的、劳动而愉快的、全社会幸福的。

——陈独秀

《陈独秀文集》（第一卷），人民出版社 2013 年版，第 506 页

中国人最大的病根，是人人都想用很小的努力牺牲，得很大的效果。这病不改，中国永远没有希望。

——陈独秀

《陈独秀文集》（第二卷），人民出版社 2013 年版，第 9 页

陈独秀手迹

创造世界文化的是热的血和冷的铁，现世界强者占有冷的铁，而我们弱者只有热的血；然而我们心中果然有热的血，不愁将来手中没有冷的铁，热的血一旦得着冷的铁，便是强者之末运。

——瞿秋白

《瞿秋白文集：政治理论编》（第三卷），人民出版社 2013 年版，第 180 页

　　我们无论在什么地方，有什么机会，具多少力量，都可以有非我们做不可的事情。真心为中国的人，不要说一句推诿的话，今天，此时，便即刻把自己的担子挑了起来。让伟大的人做伟大的事。让我们做了我们的事，更可以为中国唤起来更伟大的人！

——恽代英

《恽代英全集》（第六卷），人民出版社 2014 年版，第 346 页

我们必得要做，必要向前进行，向上努力地去做。我们哪知道有一切，本来也没有一切，我们只知道有国家，有我们的中华民国。我们拥护中华，救它的危亡，就是救我们自己的危亡，图它的兴盛，就是谋我们自己的幸福。

——恽代英

《恽代英全集》（第六卷），人民出版社 2014 年版，第 365 页

坚持反帝国主义的主张而绝对不向帝国主义屈服，更灵妙运用政策以帝国主义各国间之利害冲突，而为民族革命之利益——这应是革命的外交之南针。

——张太雷

《张太雷文集》，人民出版社 2013 年版，第 416 页

帝国主义者平时所鼓吹的和平，是不许被压迫者反抗的和平，被压迫者反抗时军队军舰大炮都是必须使用的。

——张太雷

《张太雷文集》，人民出版社 2013 年版，第 294 页

中国民族在很早以前，就造起了一座万里长城和开凿了几千里的运河，这就证明中国民族伟大无比的创造力！中国在战斗之中一旦斩去了帝国主义的锁链，肃清自己阵线内的汉奸卖国贼，得到了自由与解放，这种创造力，将会无限地发挥出来。到那时，中国的面貌将会被我们改造一新。

——方志敏

《方志敏全集》，人民出版社 2012 年版，第 138 页

方志敏《可爱的中国》手稿

亲爱的朋友们，不要悲观，不要畏馁，要奋斗！要持久地艰苦地奋斗！要各人所有智慧才能，都提供于民族的拯救吧！

——方志敏

《方志敏全集》，人民出版社 2012 年版，第 139 页

应该动员全国民众积极起来参加这个反对日本帝国主义侵略的民族革命战争……只有倚靠在全国民众对于这个战争之自动的积极的参加，才能使这个战争具有强大无比的持久抵抗与不可战胜的势力。

——王若飞

《王若飞文集》，人民出版社 2014 年版，第 116—117 页

# 革命不得人民的拥护是
# 不能成功和持久的

黎庶之患，不患无护权之政制，患在无享权之能力；不患无为之争权之人，患在为之争权者，转而为窃权之人。

——李大钊

《李大钊全集》（第一卷），人民出版社 2013 年版，第 73 页

民主国家，真国家也，国民之公产也，以人民为主人，以执政为公仆者也。

——陈独秀

《陈独秀文集》（第一卷），人民出版社 2013 年版，第 107 页

革命不得人民的拥护是不能成功和持久的

李大钊手迹

社会是个人集成的，除去个人，便没有社会；所以个人的意志和快乐，是应该尊重的。

——陈独秀

《陈独秀文集》（第一卷），人民出版社 2013 年版，第 273 页

真实拥护工农的党，才能够领导中国革命。

——瞿秋白

《瞿秋白文集：政治理论编》（第四卷），人民出版社 2013 年版，第 385 页

一九三五年瞿秋白福建长汀狱中诗词

73

革命基本问题是怎样善于运用政权为人民创造真正的幸福、物质平等与生活自由。

——高君宇

《高君宇文集》，人民出版社 2011 年版，第 194 页

共和国家是多数人组成的，所以个个人是主人翁，个个人应当办事，既然个个人办事，就个个人应当说话，个个人应当负责，并且还要虚心下人，遇有相左，亦不应即生意见。

——恽代英

《恽代英全集》（第六卷），人民出版社 2014 年版，第 469 页

　　高君宇 (1896—1925)，中国无产阶级革命家。名尚德，字锡三，山西静乐峰岭底村（今娄烦）人。1919年五四运动时为北京大学学生组织负责人之一。1920年与邓中夏等组织马克思学说研究会，同年参加北京中国共产党早期组织。1921年任中共北京地方委员会委员，负责宣传工作。1922年初去莫斯科出席远东各国共产党及民族革命团体第一次代表大会。后任《向导》《政治生活》《先驱》等刊编辑。1923年参与领导京汉铁路工人大罢工，同年7月任中共中央教育宣传委员会委员。1924年赴广州参加国民党第一次全国代表大会，后任孙中山秘书，参加平定商团叛乱的斗争。是中共第二届中央执行委员。1925年3月抱病出席孙中山在北京召开的国民会议促成会全国代表大会，后病逝。

我们对于民众，非但不应该再轻视他，并且要表示相当的尊敬，这是我们应当注意的一点！

——恽代英

《恽代英全集》（第六卷），人民出版社 2014 年版，第 470 页

只要政府能为人民的利益奋斗，他们一定是拥护这政府的。只要政府能信任人民，人民未有不信任政府的。

——张太雷

《张太雷文集》，人民出版社 2013 年版，第 348 页

　　张太雷 (1898—1927)，中国无产阶级革命家，中国共产党早期的
重要领导人之一。原名曾让，字泰来，后改名太雷，江苏武进县（今常
州）人。毕业于北洋大学（今天津大学）法科。1920 年参加北京共产
主义小组，后在天津组建社会主义青年团。1921 年赴苏联，任共产国
际远东书记处中国科书记，并以中国共产党代表身份参加在莫斯科召开
的共产国际第三次代表大会。1922 年在广州主持召开中国社会主义青
年团第一次全国代表大会。此后，先后出席中国共产党第二次至第五次
全国代表大会，是四届候补中央委员、五届中央委员。1925 年在青年
团第三次全国代表大会上当选团中央书记，主持团中央工作。1927 年
在八七会议上当选临时中央政治局候补委员，后任中共广东省委书记，
并组织临时南方局。12 月领导发动广州起义，任苏维埃政府代理主席，
兼任广州苏维埃政府人民海陆军委员，在指挥战斗中壮烈牺牲。

人民是我们的朋友，不是我们的敌人，所以我们一定要信任他们，不要怀疑与怕惧他们。

——张太雷

《张太雷文集》，人民出版社 2013 年版，第 348 页

革命不得人民的拥护是不能成功和持久的。

——张太雷

《张太雷文集》，人民出版社 2013 年版，第 452 页

我们中的绝大多数是农民，都深知老百姓的苦，今后绝对不能再干祸害老百姓的事。

——刘志丹

《刘志丹文集》，人民出版社 2012 年版，第 63 页

我相信，只要红军和老百姓一条心，再强大的敌人也不会吃掉我们，他们来多少我们就消灭多少！

——刘志丹

《刘志丹文集》，人民出版社 2012 年版，第 68 页

# 今日欲救国家，惟有力行二字

须知一个新命的诞生，必经一番苦痛，必冒许多危险。有了母亲诞孕的劳苦痛楚，才能有儿子的生命。这新纪元的创造，也是一样的艰难。这等艰难，是进化途中所必须经过的，不要恐怕，不要逃避的。

——李大钊

《李大钊全集》（第二卷），人民出版社 2013 年版，第 358—359 页我之爱国主义，不在为国捐躯，而在笃行自好之士，为国家惜荣誉，为国家弭乱源，为国家增实力。

——陈独秀

《陈独秀文集》(第一卷)，人民出版社 2013 年版，第 163 页

我们行船时，一须定方向，二须努力。不努力自然达不到方向所在，不定方向将要走到何处去？……改造社会和行船一样，定方向与努力二者缺一不可。

——陈独秀

《陈独秀文集》(第二卷)，人民出版社 2013 年版，第 93 页

吾意今日欲救国家，惟有力行二字。力行者，切实而勇猛之实行是也。

——恽代英

《恽代英全集》（第二卷），人民出版社 2014 年版，第 122 页

不力行，则能力不能切实而增长；不力行，不能有明确之责任心；不力行，不能有容异己者之量；不力行，不能感化他人而联络同志。

——恽代英

《恽代英全集》（第二卷），人民出版社 2014 年版，第 126 页

我以为我们同志，总不要忘了社会的实际生活，社会的实际改造运动。

——恽代英

《恽代英全集》（第四卷），人民出版社 2014 年版，第 42 页

真要改革中国的青年，第一要训练自己能吃苦能办事的品性，第二要学习能说话能作论文的本事，第三要能知道本县本省本国乃至世界的政治经济情形，第四要研究社会构成与进化的原理。

——恽代英

《恽代英全集》（第六卷），人民出版社 2014 年版，第 644 页

恽代英手迹

许多党员只知争谈主义，谈这个问题、那个问题，这点该主张，那点该不主张，若是稍有成见的人，每每越谈越糊涂。因此很引起外边人误会，不知道你这主义究竟是什么东西！我们最重要的是要能为主义去奋斗，即便是说能实行为民众谋利益的实际工作。

——恽代英

《恽代英全集》（第八卷），人民出版社 2014 年版，第 71 页

一个使命包含着三种要素：一，胚胎的思想；二，是中间的努力；三，是成熟的结果。……所谓一贯的精神，便是做任何运动所不可缺的东西，就是指着这三种元素说的。

——张太雷

《张太雷文集》，人民出版社 2013 年版，第 420 页

正如我们行路一般，起头是要明白自己的目的地，中间要继续的向目的地进行，最后还要到了目的地，方才罢休。行路的速率也许有缓有急，路程也许有直有曲，但终久是以到了目的地，才算定事，才算完成一个使命。

——张太雷

《张太雷文集》，人民出版社 2013 年版，第 420 页

要把理论与实践打成一片，才不会盲碰和空想，同时也能正确地把责任负担起来。

必须加强自我批评，反对自由主义，发扬自我批评的精神，才能养成斗争精神和牺牲精神，才能养成坚强的意志和认真的态度，才能大公无私，公正廉明地为人民谋福利。

必须以狮子的体格为模范，锻炼成钢铁般的身躯，才能承担起时代给予的使命。

必须以猴子的敏捷为模范，锻炼成活泼可爱和智勇双全的战士，能百分之百地执行和实现政府的任务，才能达到最后战胜日本帝国主义。

必须以骆驼的负重任远、任劳任怨的精神为模范，锻炼成百折不挠、刚强无匹的战士，才能达到我们的目的——解放。

——陈潭秋

《陈潭秋文集》，人民出版社 2013 年版，第 266—267 页

　　彭湃 (1896—1929)，中国无产阶级革命家，中国早期农民运动领导人。名天泉、汉育，广东海丰人。1917 年赴日本早稻田大学读书。1921 年回国，不久加入中国社会主义青年团。1923 年创建海丰县总农会，任会长。1924 年参加创办广州农民运动讲习所，任第一至第五届主任。8 月建立并任广东农民自卫军总指挥。同年转入中国共产党。曾任中共广东区委委员、海陆丰地委书记，广东省农民协会副委员长，国民党中央农民部秘书。1927 年参加南昌起义，任中共前敌委员会委员。后任广东东江农民自卫军总指挥。参与组织海陆丰起义，创建海陆丰苏区。后任中共东江特委书记、广州苏维埃政府人民土地委员、中共中央农委书记、中央军委委员兼江苏省委军委书记。是中共第五、第六届中央政治局委员。1929 年 8 月 24 日在上海被国民党当局逮捕，30 日在上海龙华就义。

盖社会者，社会人之社会也。社会革命，社会运动，合社会人而运动，而革命之谓也。非个人或少数人，所能成就者。即使之成就，必不是真正之社会运动，社会革命也。我们赶快觉悟！我们赶快结合！我们赶快进行！我们赶快将新社会现在我们的眼前！

——彭湃

《彭湃文集》，人民出版社 2013 年版，第 7 页

中国的社会一定是要改造的，但是我们去改造非脚踏实地从事不可。

——邓恩铭

《邓恩铭文集》，人民出版社 2013 年版，第 17 页

邓恩铭画的揭露军阀张宗昌罪恶的漫画

姊妹七人，誓同心愿，
振奋女子志气，励志读书，
男女平等，图强获胜，
以达到教育救国之目的。

——向警予

《向警予文集》，人民出版社 2011 年版，第 1 页

一九一〇年，向警予在常德女子师范读书时与志同道合的七位同学结拜为姊妹，并立下誓言，表达"教育救国"之志向（前排左起第一人为向警予）

# 工作篇

★组织力量是执行政治路线的唯一工具

★要懂得和运用马列主义的理论与政策

★相信群众有伟大的革命创造能力

★要有宽广的心胸，团结一切可以团结的人

# 组织力量是执行政治路线的唯一工具

我们领导群众做一切斗争，必须指出总的中国革命前途，方不致使群众感觉着一切斗争，好像是盲行大海中，丝毫也看不见彼岸的远景。

——陈独秀

《陈独秀文集》（第四卷），人民出版社 2013 年版，第 210 页

　　革命的力量何在？在于组织。一吨铁若没有造成什么机器，是丝毫没有力量的；若变成一部机器——就是融化锻炼之后，使一部分变成镟钉，一部分变成齿轮，装置起来，——虽然仍旧是一吨铁，然而他的力量，却很大的了。

——瞿秋白

《瞿秋白文集：政治理论编》（第二卷），人民出版社 2013 年版，第 376 页革命的党，要常给党员这一类的教育；不但要党员受指挥，而且要他们知道为什么应受指挥。所以指挥党员去做党员所不懂的事，似乎是想利用他们，他们是可以驳诘而反抗的。革命的党，并不怕发生这样的驳诘。因为这样的驳诘，可以使党员监督他们的领袖；要不然，领袖亦可以再进一步的教育他的党员，使他们明白要接受这种指挥的理由。

——恽代英

《恽代英全集》(第六卷)，人民出版社 2014 年版，第 283 页

　　"我们要教育农民，先让农民来教育我们。"……我们能从农民受他们的教育，学他们的言语与思想；走了这一步，才说得上怎样引导农民做什么事。

——恽代英

《恽代英全集》（第六卷），人民出版社 2014 年版，第 394 页

　　革命党最重要是教育民众；不但教育他们要革命，而且教育他们认识他们自己的利益，为他们自己利益而参加革命。

——恽代英

《恽代英全集》（第六卷），人民出版社 2014 年版，第 437 页

农民的信仰，是要人肯实心为农民工作，而且用合当方法去工作，才会得着的。……诚心的去与农民作朋友，去为他们的利益引导着他们活动，农民自然会信仰爱助他们的人。

——恽代英

《恽代英全集》（第六卷），人民出版社 2014 年版，第 450 页

我们怎样改造世界呢？我们靠宣传的工作；靠一张嘴、一支笔，宣传那些应当要求改造世界的人起来学我们一同改造世界。我们要宣传到使勇敢的人起来帮着我们宣传，我们要宣传到使怯弱的人都了解而赞助我们的主张。

——恽代英

《恽代英全集》（第七卷），人民出版社 2014 年版，第 199 页

一九二七年恽代英在武汉

你要有一个坚强的信念——要相信只要你能说明理由，解释疑惑，群众一定能够接受你的宣传。为什么你能这样相信呢？因为你要改造世界，不是你爱捣乱，亦不是你放弃要提出这些高远不必要的理想；你们因为群众受压迫痛苦太厉害了，所以为群众求解放而作此种主张。

——恽代英

《恽代英全集》（第七卷），人民出版社 2014 年版，第 199 页

你要去宣传，须对于所要宣传的理论，自己先有充分的明了，而且对于一切反对理由要都能够答辩。倘若你自己都有些些闹不清楚的地方，你怎样好去宣传人家呢？

——恽代英

《恽代英全集》（第七卷），人民出版社 2014 年版，第 200 页

　　你须知道光明是要去照黑暗地方的，若使没有黑暗的地方，光明亦便没有价值了。若你是一个烛光，不要拿他到太阳底下，因为那便完全没有用处；你应当拿他到暗室中间，去将暗室照耀着，纵然你的光明不容易照耀得暗室像白昼一般呢，但至少有些用处，可以使暗室中的人认识得一点周围的真正情形。

——恽代英

《恽代英全集》（第八卷），人民出版社 2014 年版，第 15 页

中山先生所以能够为中国国民革命的导师，因为他一生努力于革命的实际工作，并从他的经验指示我们完成革命的方法。

——张太雷

《张太雷文集》，人民出版社 2013 年版，第 232 页

一个革命的领袖之责任就是要能够认识革命势力之所在，能够找得革命的同盟者，能组织指挥革命运动的工具。

——张太雷

《张太雷文集》，人民出版社 2013 年版，第 236 页

　　言论自由对于人民是最重要的一种自由；要"唤起民众"就全靠人民能有言论的自由。然而言论自由是有限制的。……国民政府下的言论自由应是革命的言论自由，反革命派应完全剥夺言论的自由。

——张太雷

《张太雷文集》，人民出版社 2013 年版，第 265 页

　　组织力量是执行政治路线的唯一工具。没有强健的组织力量，无论怎样正确的政治路线，结果只是流为政治清谈。

——陈潭秋

《陈潭秋文集》，人民出版社 2013 年版，第 146 页

发布一种工作的命令，我必要将这命令的意义和内容，向战士们解释清楚，使他们都懂得为什么要如此做以及怎样去做。对于战斗员的生活，极力改善，加以爱护，亲之爱之如家人兄弟一般。对于军纪，特别是作战的军纪，不论何人，都是严格执行，不稍宽贷，首先我自己就做到一个模范地遵守红军纪律的人。对于训练，主张认真切实，无论操场讲堂，不许丝毫敷衍。对于管理，主张严格，一举一动，都需照规定执行。

——方志敏

《方志敏全集》，人民出版社 2012 年版，第 59 页

同志每遇一些小事，表示消极，要知每个同志应在挫折中号召民众，在沉闷中去努力工作，才能做到领导群众的地位。

——罗亦农

《罗亦农文集》，人民出版社 2011 年版，第 124 页

历史的经验中告诉我们，没有坚强的党的组织和群众基础，单纯的军事行动一定不会胜利的。

——刘志丹

《刘志丹文集》，人民出版社 2012 年版，第 83 页

# 要懂得和运用马列主义的理论与政策

同志间关于理论上政策上意见不同的争论，是党的进步的现象，决不是坏现象；反之，大家都没有什么不同的意见，这正是党之幼稚的表现。

——陈独秀

《陈独秀文集》(第四卷)，人民出版社 2013 年版，第 214 页

　　我们要懂得和运用马克思列宁主义复杂的错综的全部理论与政策，首先要懂得辩证法的时间与空间之变化性。

——陈独秀

《陈独秀文集》（第四卷），人民出版社 2013 年版，第 218 页

　　原则是一定不变的，此所以谓之原则；至于策略战略，则因有复杂的时空性之不同，便不能时时事事都必须照着原则机械的死板的应用不能有一点变化性。

——陈独秀

《陈独秀文集》（第四卷），人民出版社 2013 年版，第 219 页

永远记着党军是要"为主义""作战"的。不"为主义"或者是不能"作战",都同样是有负党军的责任,都同样是有负于党,有负于全国瞩望我们的被压迫的劳苦工农。

——恽代英

《恽代英全集》(第八卷),人民出版社 2014 年版,第 51 页

我们是认定了人总是特别注意自己的利益,自己的利益总要靠自己的力量奋斗,所以要打破一般被压迫者倚赖人家的妄想,自己起来注意自己的利益,为自己的利益努力奋斗!

——恽代英

《恽代英全集》(第八卷),人民出版社 2014 年版,第 153 页

俗语说"行一百里半九十"，就是说走了九十里才能算是一半，最后的一段，却是最困难的。以前失败的原因，可以说是对于困难，看得太轻，对于反抗的力量，未有准确的估计。以后的进行，应当纠正这样的弊病。这并不是畏难苟安，乃是要本着明晰的计算，才能预备充分的力量，去胜过困难。

——张太雷

《张太雷文集》，人民出版社 2013 年版，第 423—424 页一种策略，不是一服常用的百灵散；一种策略如果适于当时当地的情形并且是有益于革命的，才是一革命的与适用的策略，假使这策略已与当时当地的情形不合而与革命有害时，虽然以前是应用非常有益的而对革命有利的，这策略就有立刻改变的必要。

——张太雷

《张太雷文集》，人民出版社 2013 年版，第 445 页

政治上的行动与军事上的行动是一样的，往往因为要顾全全局的计划，于必要时，撤退其一方面的势力。兵要能进，亦要能退，历史上有许多名将是以退兵著名的；因为有一时的退，才能有最后的胜利。

——张太雷

《张太雷文集》，人民出版社 2013 年版，第 457 页

我党之所以能够成为全国人民的领袖，之所以能够布尔什维克化，我以为是党在每一个革命时期能够努力灵活的执行正确的革命政策。

——陈潭秋

《陈潭秋文集》，人民出版社 2013 年版，第 251 页

工作方法是达到工作任务的手段，仅仅了解工作任务，确定了对工作的态度，如果没有好的工作方法，仍不能完成工作任务的。

——陈潭秋

《陈潭秋文集》，人民出版社 2013 年版，第 270 页

过去党的家长制到现在已经不适用了，非打倒不可。我们要相信群众的力量，无产阶级的政党只要有政治的路线，组织上则不成问题。

——蔡和森

《蔡和森文集》（下），人民出版社 2013 年版，第 875 页

我们得到一个宝贵的革命教训，就是在革命胜利发展，环境十分顺利的时候，最要防止胜利乐昏了头脑，而发生"左"倾盲动，以及腐化享乐，不艰苦做工作；在敌人积极向我们压迫，环境险恶的时候，就最要防止右倾动摇，退却逃跑，投降主义与逃跑主义的危险。

——方志敏

《方志敏全集》，人民出版社 2012 年版，第 64—65 页

只有坚决执行党的正确路线，不懈怠地努力工作，才能取得不断的胜利。

——方志敏

《方志敏全集》，人民出版社 2012 年版，第 213 页

打仗一定要灵活，不要硬打。能消灭敌人就打，打不过就不打。游击队要善于隐蔽，平常是农民，一集合就是游击队。打仗是兵，不打仗是农民，让敌人吃不透。

——刘志丹

《刘志丹文集》，人民出版社 2012 年版，第 66 页

我们办事一要方向对，二要合情合理，民众最讲这后一条。

——刘志丹

《刘志丹文集》，人民出版社 2012 年版，第 83 页

# 相信群众有伟大的革命创造能力

民众所认识的是事实，所感觉的是切身问题，离开他们的切身问题，离开事实的主义，不会真能使他们相信；反之不兑现支票式的宣传，会使他们发生反感。

——陈独秀

《陈独秀文集》（第四卷），人民出版社 2013 年版，第 4 页

怎样能左右革命事业呢？第一，须研究群众的心理，能看清懂透他的本质，及利用他的方法。第二，须有能见事、能任事的好信用。第三，须有真诚、纯洁、分工、互助的联合。

——恽代英

《恽代英全集》（第四卷），人民出版社 2014 年版，第 215 页

群众的联合，虽则是一种力量，但这种力量是发源于本能的冲动的，所以他的发展，每每是盲目不定合于当然途径的。这最须受理性智慧的指导，我们最妙是深懂群众心理，能巧于运用他。

——恽代英

《恽代英全集》（第五卷），人民出版社 2014 年版，第 31 页

群众是一种力，我们是用力的人。群众是热烈的，但我们要冷静。群众是简单的，但我们要周到。我们要能尽量利用群众的力量，但我们要能使社会进化，不陷于群众的弱点中间以致召起失败的恶结果。那便我们必须能使群众愿受我们的指导，而且我们必须确能善于指导群众。

——恽代英

《恽代英全集》（第五卷），人民出版社 2014 年版，第 31 页

我们现在对于农民阶级所应努力的，便是接近农民，调查他们生活的实在情形，学习他们的谈话。知道了他们的情形，那么你所谈的方才不是他们所不要听的话；学会了他们说的话，那么你所谈的方才不是他们所听不懂的话。能如是，方才可以进而谈及旁的事情了。

——恽代英

《恽代英全集》（第六卷），人民出版社 2014 年版，第 335 页

他们要是革命的，便不应离开群众。他们果真为革命工作，便应钻到群众中间去，去与群众融洽接近起来，探知群众的生活、习惯、心理及要求。我们与群众发生了密切关系，群众才能相信我们，而且我们才能有把握的宣传群众。这样革命工作，才有基础，才能成功。

——恽代英

《恽代英全集》（第八卷），人民出版社 2014 年版，第 72 页

共产党员决不迷信任何个人的力量，亦不迷信他自己的能力；凡相信离开了群众的力量，仍旧可以解放什么人的，一定不配做一个共产党员。

——恽代英

《恽代英全集》（第八卷），人民出版社 2014 年版，第 348 页

我们一定要使个个党员成为革命的战士，成为有严格组织的军队中之一个兵士。党不仅要其本身有严密的组织，还要他有群众的基础。

——张太雷

《张太雷文集》，人民出版社 2013 年版，第 269 页

我们要记住：要使军队能听党的命令，党一定要有权力，要使军队服从人民的议决，人民一定要有伟大的有组织的努力。

——张太雷

《张太雷文集》，人民出版社 2013 年版，第 454 页

只要政策对头，紧紧依靠群众，困难是可以克服的。

——刘志丹

《刘志丹文集》，人民出版社 2012 年版，第 65 页

　　我们记取了过去用血换来的经验教训，不盲动，不蛮干，一切从我们这个地区的实际出发，从我们红军的实际出发，紧紧依靠了党、依靠了老百姓，集中我们有限的力量将敌人各个击破。没有西北工委、西北军委的统一领导，没有陕北苏区父老乡亲们的大力支援，我们是无法取胜的。

——刘志丹

《刘志丹文集》，人民出版社 2012 年版，第 70 页

农运是整个革命根本问题。就历史言，中国历代政变，无不是由农民问题发生，如秦，如元，如明之灭亡，均是农民问题之影响。前清如太平天国，如义和团，均是农民运动之表现。谁能解决农民问题，谁即可以得天下。现在农民问题，较秦以来尤为重要。

——蔡和森

《蔡和森文集》（下），人民出版社 2013 年版，第 864 页

一九二六年九月，彭湃（左二）和广东省农协常委们在一起研究广东农运问题

　　我们应该相信群众有伟大的革命创造能力，只要我们了解他们的要求，正确的指导他们的斗争，一旦将他们发动起来后，他们是能在很短期间解决千百专门学者数十百年所不能解决的问题。

——王若飞

《王若飞文集》，人民出版社 2014 年版，第 120 页

　　党为群众的领袖，每个党员即为群众的领袖，C.P. 为领导群众的党，每个党员应为群众的活动家。懂得群众的要求，刻苦耐劳，才能领导群众，才能为群众领袖。

——罗亦农

《罗亦农文集》，人民出版社 2011 年版，第 124 页

# 要有宽广的心胸，团结一切
# 可以团结的人

只有由争斗才能得到让步，决不会由让步得到让步，我们让步了，已经没有争斗了，敌人为什么还要让步？

——陈独秀

《陈独秀文集》（第三卷），人民出版社 2013 年版，第 571 页

必定要有了自主之权才讲得到"善恶"；必定要显示权力之后才有公理。

——瞿秋白

《瞿秋白文集：政治理论编》（第二卷），人民出版社 2013 年版，第 84 页

瞿秋白狱中题照

129

农人、工人联合起来才有力量，若不组织起来，则仍然一盘散沙，没有丝毫实力。革命的精神，革命的情绪，革命的意志，在平民之间是现成的；必须组织他，集中他，他才能变成一种势力。

——瞿秋白

《瞿秋白文集：政治理论编》（第二卷），人民出版社 2013 年版，第 376 页

联合的分子越多，他的力量越大。一丛纤弱的竹林，可以胜过吹得倒孤松的风暴。一把细嫩的竹箸，可以胜过折得断粗枝的手腕。

——恽代英

《恽代英全集》（第五卷），人民出版社 2014 年版，第 50 页

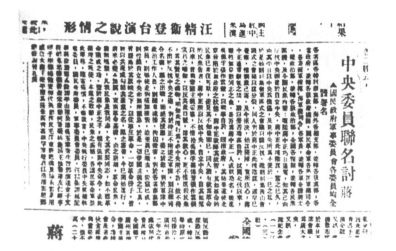

蒋介石叛变革命后，一九二七年四月二十二日恽代英与宋庆龄、邓演达、吴玉章、林伯渠、毛泽东等四十名国民党中央委员、候补委员、国民政府委员、军事委员会委员发表联名讨蒋通电

军队要有战斗力，必定先要军队有团结的精神有统一的指挥；革命的利益要求革命军的团结与统一，为了这个统一与团结就是牺牲一切都是值得的与有革命意义的。

——张太雷

《张太雷文集》，人民出版社 2013 年版，第 269 页

　　我们要有宽广的心胸，团结一切可以团结的人，这样我们的工作就会顺利得多。

——刘志丹

《刘志丹文集》，人民出版社 2012 年版，第 32 页

　　我们要明确谁是我们的敌人，谁是我们的朋友，应该打倒谁，应该团结谁和维护谁。

——刘志丹

《刘志丹文集》，人民出版社 2012 年版，第 67 页

刘志丹手迹

革命是从没有人到有人，再发展成千千万万的大军。这都是靠做人的工作。你的主张好，还要会团结人。这首先要对人谦虚诚恳、推心置腹，不怕人家批评，以至挨骂。更重要的是说到做到，始终如一，以信取人。我们多团结一个人，敌人就少一个人，这样才能胸怀广大，不对人家挑三拣四，这不放心那不放心。要能容忍人家，这样就能四海一家，大团结。有了大团结，就能取得大胜利。

——刘志丹

《刘志丹文集》，人民出版社 2012 年版，第 79 页

革命需要建立统一战线，敌人越少越好，朋友越多越好。多一个朋友，相对就会少一个敌人。我们增加一份力量，敌人就减少一份力量。

——刘志丹

《刘志丹文集》，人民出版社 2012 年版，第 80 页

要避免犯错误就要讲民主，善于听取大家意见。

——刘志丹

《刘志丹文集》，人民出版社 2012 年版，第 83 页

党内思想斗争，是中国党的发展、健全、布尔什维克化的主要关键。

——陈潭秋

《陈潭秋文集》，人民出版社 2013 年版，第 245 页

# 修养篇

★要过优美的高尚的生活，必须要有内心的修养

★做人，第一要明白人生的意义

★工作要紧，个人的事是小事

★现在离开是暂时的，是要想谋将来永远幸福

# 要过优美的高尚的生活，
# 必须要有内心的修养

青年循蹈乎此，本其理性，加以努力，进前而勿顾后，背黑暗而向光明，为世界进文明，为人类造幸福，以青春之我，创建青春之家庭，青春之国家，青春之民族，青春之人类，青春之地球，青春之宇宙，资以乐其无涯之生。

——李大钊

《李大钊全集》(第一卷)，人民出版社 2013 年版，第 318 页青年之字典，无"困难"之字，青年之口头，无"障碍"之语；惟知跃进，惟知雄飞，惟知本其自由之精神，奇僻之思想，锐敏之直觉，活泼之生命，以创造环境，征服历史。

——李大钊

《李大钊全集》（第一卷），人民出版社 2013 年版，第 330 页

人之立志，无论其在为政论家抑为政治家，均不可不为相当之修养，知识其一也，诚笃其二也，勇气其三也。

——李大钊

《李大钊全集》（第一卷），人民出版社 2013 年版，第 508 页

我以为世间最可宝贵的就是"今"，最易丧失的也是"今"。因为他最容易丧失，所以更觉得他可以宝贵。

——李大钊

《李大钊全集》(第二卷)，人民出版社 2013 年版，第 284 页

宇宙大化，刻刻流转，绝不停留。时间这个东西，也不因为吾人贵他爱他稍稍在人间留恋。

——李大钊

《李大钊全集》(第二卷)，人民出版社 2013 年版，第 284 页

无限的"过去"都以"现在"为归宿，无限的"未来"都以"现在"为渊源。"过去"、"未来"的中间全仗有"现在"以成其连续，以成其永远，以成其无始无终的大实在。

——李大钊

《李大钊全集》（第二卷），人民出版社 2013 年版，第 285 页

吾人在世，不可厌"今"而徒回思"过去"，梦想"将来"，以耗误"现在"的努力。又不可以"今"境自足，毫不拿出"现在"的努力，谋"将来"的发展。宜善用"今"，以努力为"将来"之创造。

——李大钊

《李大钊全集》（第二卷），人民出版社 2013 年版，第 287 页

一九一六年李大钊致友人霍例白信手迹

145

人生的径路，若是为重重叠叠的矛盾现象所塞，怎能急起直追，逐宇宙的大化前进呢？

——李大钊

《李大钊全集》（第二卷），人民出版社 2013 年版，第 291 页

人们要过优美的高尚的生活，必须要有内心的修养。

——李大钊

《李大钊全集》（第四卷），人民出版社 2013 年版，第 194 页

青年如初春，如朝日，如百卉之萌动，如利刃之新发于硎，人生最可宝贵之时期也。青年之于社会，犹新鲜活泼细胞之在人身。

——陈独秀

《陈独秀文集》（第一卷），人民出版社 2013 年版，第 89 页

排万难而前行，乃人生之天职。

——陈独秀

《陈独秀文集》（第一卷），人民出版社 2013 年版，第 92 页

一息尚存，决无逃遁苟安之余地。处顺境而骄，遭逆境而馁者，皆非豪杰之士也，外境之降虏已耳！

——陈独秀

《陈独秀文集》（第一卷），人民出版社 2013 年版，第 118 页

人民若没有正确的人生观以支配一切，就仿佛没有脑筋的人一样，那是全无用的。

——王若飞

《王若飞文集》，人民出版社 2014 年版，第 5 页

王若飞（1896—1946），中国无产阶级革命家。1896年生于贵州安顺。1919年10月赴法国勤工俭学。1922年6月，同赵世炎、周恩来等发起成立"旅欧中国少年共产党"，1923年赴苏联入莫斯科东方劳动者共产主义大学学习，4月转为中国共产党党员。1925年3月回国，先后任中共北方区委巡视员、中共豫陕区委书记、中共中央秘书部主任（即秘书长）等职。1928年6月，赴莫斯科出席共产国际第六次代表大会。1931年回国，任中共西北特委特派员。1931年11月在包头因叛徒出卖不幸被捕。1937年全国抗战爆发前夕被党组织营救出狱。同年8月到达延安。1940年起历任中央秘书长、中央党务委员会主任等职。1945年6月，在中共七大上当选为中央委员。同年8月，随同毛泽东、周恩来赴重庆，参加国共两党和平谈判。1946年飞机回延安途中失事，不幸遇难，时年50岁。

敛才就范，切忌眼前有虚名；留起精神，备他日担当宇宙。

——王若飞

《王若飞文集》，人民出版社 2014 年版，第 6—7 页

那有斩不除的荆棘？
那有打不死的豺虎？
那有推不翻的山岳？
你只须奋斗着！
猛勇的奋斗着：持续着！
永远的持续着。
胜利就是你的了！
胜利就是你的了！

——邓中夏

《邓中夏全集》（上），人民出版社 2014 年版，第 276 页

山虽高，没有爬不上的；路虽远，没有走不到的。

——恽代英

《恽代英全集》（第二卷），人民出版社 2014 年版，第 129 页

我们要忍受一切的困难与艰苦，咬着牙齿的奋斗过去。不要让你们的精神有一分散漫，不要让你们有一点逃避责任的念头。你们要永远地望着这些中国的耻辱与危险，永远地振刷你们的精神，像古人的卧薪尝胆一样。

——恽代英

《恽代英全集》（第六卷），人民出版社 2014 年版，第 346 页

向警予 (1895—1928)，中国无产阶级革命家，中国早期妇女运动领导人。原名俊贤，湖南溆浦人。1895 年出生在湖南溆浦一个富商家庭。1919 年参加毛泽东、蔡和森领导的"新民学会"。同年她与蔡和森、蔡畅等组织湖南女子留法勤工俭学会。1920 年 5 月，留法期间的向警予和蔡和森结为革命伴侣。1922 年初，向警予回国并加入中国共产党。同年 7 月，在党的二大上，她当选为候补中央委员，担任党中央第一任妇女部长。1924 年领导上海丝厂和烟厂的女工罢工。1925 年去苏联莫斯科参加共产国际执行委员会第六次全会扩大会议。大革命失败后在武汉坚持斗争，1928 年 3 月 20 日因叛徒出卖在汉口法租界被捕，于五一国际劳动节被反动派残酷杀害，年仅 33 岁。

我们凡是做一件事，要得它的成功，不知其中要经过许多的周折。我们要吃苦，我们要受气，我们也不当怕走许许多多的歧路去寻光明的路。我们要能吃苦，能受气，能走冤枉路，去达我们的目标。

——恽代英

《恽代英全集》（第六卷），人民出版社 2014 年版，第 365 页

人生价值的大小是以人们对于社会贡献的大小而判定的。

——向警予

《向警予文集》，人民出版社 2011 年版，第 152 页

# 做人，第一要明白人生的意义

夫旅行之事，最有裨益，最有趣味。

——李大钊

《李大钊全集》（第二卷），人民出版社 2013 年版，第 131 页

我觉得人生求乐的方法，最好莫过于尊重劳动。一切乐境，都可由劳动得来，一切苦境，都可由劳动解脱。

——李大钊

《李大钊全集》（第二卷），人民出版社 2013 年版，第 439 页

一九一四年二月李大钊在日本东京的留影

　　真正合理的个人主义，没有不顾社会秩序的；真正合理的社会主义，没有不顾个人自由的。个人是群合的原素，社会是众异的组织。真实的自由，不是扫除一切的关系，是在种种不同的安排整列中保有宽裕的选择的机会；不是完成的终极境界，是进展的向上行程。真实的秩序，不是压服一切个性的活动，是包蓄种种不同的机会使其中的各个分子可以自由选择的安排；不是死的状态，是活的机体。

——李大钊

《李大钊全集》（第三卷），人民出版社 2013 年版，第 327 页

我们所要求的自由，是秩序中的自由；我们所顾全的秩序，是自由间的秩序。只有从秩序中得来的是自由，只有在自由上建设的是秩序。个人与社会、自由与秩序，原是不可分的东西。

——李大钊

《李大钊全集》（第三卷），人民出版社 2013 年版，第 327 页

尊重个人独立自主之人格，勿为他人之附属品。以一物附属一物，或以一物附属一人而为其所有，其物为无意识者也。若有意识之人间，各有其意识，斯各有其独立自主之权。若以一人而附属一人，即丧其自由自尊之人格，立沦于被征服之女子奴隶捕虏家畜之地位。

——陈独秀

《陈独秀文集》（第一卷），人民出版社 2013 年版，第 133 页

吾青年之于人生幸福问题，应有五种观念：一曰毕生幸福，悉于青年时代造其因；二曰幸福内容，以强健之身体正当之职业称实之名誉为最要，而发财不与焉；三曰不以个人幸福损害国家社会；四曰自身幸福，应以自力造之，不可依赖他人；五曰不以现在暂时之幸福，易将来永久之痛苦。信能识此五者，则幸福之追求，未尝非青年正当之信仰。

——陈独秀

《陈独秀文集》（第一卷），人民出版社 2013 年版，第 143 页

个人生存的时候，当努力造成幸福，享受幸福；并且留在社会上，后来的个人也能够享受。

——陈独秀

《陈独秀文集》（第一卷），人民出版社 2013 年版，第 274 页

个人的自由，应以他们的自由为限，一国的自由，应以别国的自由为限，过了此限，在个人为强暴，在国家为侵略，强暴与侵略，都对于人类整个的自由，加了伤害，这是应该制止的。

——陈独秀

《陈独秀文集》（第四卷），人民出版社 2013 年版，第 564 页

晚年陈独秀

　　困难越多乐趣也越多，我们预备着受痛苦，历困难，痛苦就是快乐，快乐就在困难中；我们不预备受痛苦，历困难，痛苦也就越大，困难也就越多。

——瞿秋白

《瞿秋白文集：政治理论编》（第一卷），人民出版社 2013 年版，第 35 页最有幸福的，只是勤苦的劳动之后。

劳动能给人以完全的幸福，幸福——劳动。

救我们的只有劳动！血呢？赤色化呢？

劳动！你是人类的福音。劳动底福音。

——瞿秋白

《瞿秋白文集：政治理论编》（第一卷），人民出版社 2013 年版，第 82 页强健之心，宿于强健之身。无强健之身，而求其有强健之心，不亦难乎。

——恽代英

《恽代英全集》（第一卷），人民出版社 2014 年版，第 277 页

你若是不愿意做一个无长进的人，告诉你罢，你莫说你穷，古时穷得很的人，一个样可以做大事；你莫说你年纪大，古时年纪大的人，一个样可以进德业。

——恽代英

《恽代英全集》（第二卷），人民出版社 2014 年版，第 130 页

　　做罢，莫说你没有大好事做，你拣你能做的做，你自然一天变一天的成个伟人了。你总想路是走得到的，走大步子，一年到，走小步子，亦不过二三年就能到，你若不能走大步子，又不愿走小步子，便是顶容易走到的路，一万万年亦不能到。是怎么的呢？因为你简直不走。

——恽代英

《恽代英全集》（第二卷），人民出版社 2014 年版，第 130 页

人人应该盼望做太阳系，教他的周围的人做行星，教这等行星周围的人做他的卫星——不仅如此，我们还要教行星都进而为太阳系，教卫星都进而为行星，再教他们自己还去得他的卫星。如此的轮回促进，总教国内生出许多太阳系……所以我们人人应该自己勉励做太阳系。

——恽代英

《恽代英全集》（第三卷），人民出版社 2014 年版，第 104 页古人说，安贫乐道，我常想只有安贫的人，才能做乐道的人。不愿安贫，必不能乐道。不容自己安贫，更无从乐道。

——恽代英

《恽代英全集》（第四卷），人民出版社 2014 年版，第 170 页

所谓有幸福的生活，并不仅指衣、食、住的享受；比衣、食、住的享受更重要的，便是心灵的愉快。而所谓心灵的愉快，又决不仅指生活的进步，比生活的进步更重要的，便是欲望的减少，生活的知足。

——恽代英

《恽代英全集》（第四卷），人民出版社 2014 年版，第 170 页

一九二四年五月，恽代英（右二）和杨之华（左一）、沈泽民（后排左二）、张琴秋（后排左一）等合影

天下只有知足的人最愉快。因为有不足，便有求；有求便有所不得；有所不得便苦了。生活无论如何的进步，若是欲望与生活必要程度，随他一同长进了，便总只有感觉痛苦。

——恽代英

《恽代英全集》（第四卷），人民出版社 2014 年版，第 170 页

我们不要只知望远，不知望近。我们不要只知力学，不知力行。我们真要做人，我们应当注意做人的第一步。

——恽代英

《恽代英全集》（第五卷），人民出版社 2014 年版，第 74 页

好人要有操守，但有了操守，若只做一个与世无关的独行者，这种好人要他有何用处？好人要有作为，但有了作为，若只拿去做一些损人利己的事情，这简直是一个坏人了。好人要有操守以站脚，能站脚然后能做事。好人要有作为以做事，能做事然后可以谈到为社会。好人的做事，要向着为社会谋福利的一个目标。好人的好，是说于社会有益。不于社会有益，怎样会称为好？

——恽代英

《恽代英全集》（第五卷），人民出版社 2014 年版，第 107 页

做人，第一要明白人生的意义，当此国国竞争的时代，尤其是要明白我们国民对于国家的责任。

——恽代英

《恽代英全集》（第六卷），人民出版社 2014 年版，第 364 页

人在恶劣环境之中，是不能无悲苦之感的，然亦只有坐着不去与环境奋斗的人才感觉这种悲苦。惊风骇浪中舟子总比坐客镇定，便因舟子要去应付这种风浪的原故。

——恽代英

《恽代英全集》（第七卷），人民出版社 2014 年版，第 148 页

我们相信"劳动"是人类生存在世界上第一个要件。因为人类是进化的，一天比一天不同，天天变动，天天进步，由旧的变为新的，由不完善的进为完善的，所以能达到这新的完善的，就是由人类"劳动"的结果。那末，我们就明白，劳动就是进化的原动力，劳动就是世界文明的根源，劳动就是增进人生的幸福。

——邓中夏

《邓中夏全集》（上），人民出版社 2014 年版，第 77 页

我们的学识能力，虽然不足，但是我们自信我们的脑筋是纯洁的，我们的思想是彻底的，将来根本改造的大任，我们应当担负的。作大事业，须大准备；我们这时候要准备起。

——向警予

《向警予文集》，人民出版社 2011 年版，第 7 页

# 工作要紧，个人的事是小事

国人第一弱点，在凡事皆以感情为主，不以理性为主。上至军国大计，下至私人交际，但见感情作用，不见理性作用。以感情作用，处军国大计，鲜有不偾事取辱，召败亡之祸者。

——李大钊

《李大钊全集》（第一卷），人民出版社 2013 年版，第 519 页

国人第二弱点，在凡事好依腕力而争，不依法律而争。

——李大钊

《李大钊全集》（第一卷），人民出版社 2013 年版，第 519 页

所谓社会者，非指素相认识之朋友，素相亲爱之家族而言，乃谓素不相识之人，于萍水相逢之际，各有一定之情谊，相当之礼让，真正之社会关系，恒于此处见之，吾国则无有是。

——李大钊

《李大钊全集》（第二卷），人民出版社 2013 年版，第 205—206 页

人类本性上黑暗方面一日不扫除干净，个人的努力改造一日不能休息。一民族不努力改造，一民族必堕落以至灭亡。人类不努力改造，人类必堕落以至灭亡。

——陈独秀

《陈独秀文集》（第一卷），人民出版社 2013 年版，第 447 页

不说老实话的人，决不会负责任，话既然不老实，根本便无责任可负。说老实话，可以说是负责任的基本条件。

——陈独秀

《陈独秀文集》（第四卷），人民出版社 2013 年版，第 603 页

历史的演化有客观的社会关系，做他的原动力，——伟人不过在有意无意之间执行一部分的历史使命罢了。我们假使崇拜这种历史使命，我们方崇拜他这个人。

——瞿秋白

《瞿秋白文集：政治理论编》（第二卷），人民出版社 2013 年版，第 477 页

满遭损，谦受益，此天地之常经，无论在何方面，皆可验其不诬。故吾人为社会事业，仍不能不秉守此德者也。

——恽代英

《恽代英全集》（第一卷），人民出版社 2014 年版，第 102 页

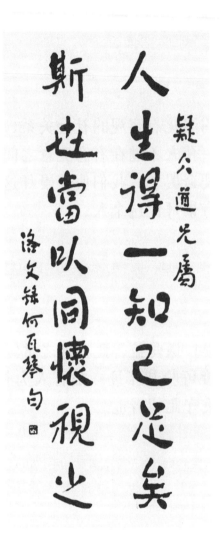

一九三三年鲁迅书赠瞿秋白的条幅

信与智，常相冲突之物也。吾人之智，常欲破除吾人之信。吾人之信，又常欲闭塞吾人之智。然使吾人因信而弃智，是自绝文化进步之本原，而安于迷惑愚妄之境地也。其可乎哉。总之吾人之信如与智不一致之时，则此信为无价值，为不足保存。虽彼有种种有力之功用，以此等功用，不过引导吾人于迷惑愚妄之境地。使吾人倒行逆施，自绝于进化之门，不为有益，但有害耳。

——恽代英

《恽代英全集》（第一卷），人民出版社 2014 年版，第 279 页

少做场面上的事，多做骨子里的事。少做扎空架子的事，多做切实的事。少做与人捣蛋的事，多做改进自己改进团体的事。

——恽代英

《恽代英全集》（第四卷），人民出版社 2014 年版，第 545 页

英雄崇拜，偶像崇拜，是民众不负责任的病态心理，不是健全的心理。

——恽代英

《恽代英全集》（第八卷），人民出版社 2014 年版，第 176 页

如果我们完全不顾及客观条件，单凭自己主观去硬干，必然阻力横生，不但徒劳无功反而偾事。……至于待人谦和处事郑重，严格遵守政府法令，实行清、慎、勤和古训，更是我们不应该时刻遗忘的。

——陈潭秋

《陈潭秋文集》，人民出版社 2013 年版，第 270 页

弟处逆境与普通人不同处，即对于将来前途，非常乐观。这种乐观，并不因个人的生死，或部分的失败，一时的顿挫，而有所动摇。

——王若飞

《王若飞文集》，人民出版社 2014 年版，第 108—109 页

"知耻近乎勇"，能知耻者，终必成事。

——王若飞

《王若飞文集》，人民出版社 2014 年版，第 124 页

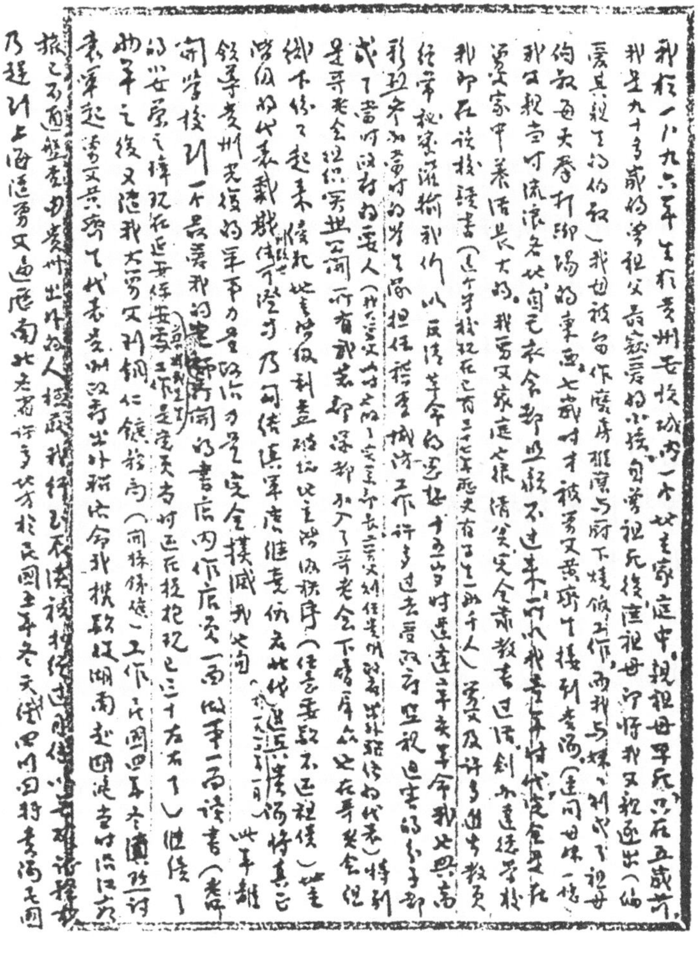
王若飞 自傳

我於一八九六年生於貴州安順城內一个小康家庭中，

王若飞自传手迹

昔年同学岳麓山，
今日分离隔海关。
忽往天涯与地角，
或走东北或西南。
丈夫意气尚坚决，
创造乾坤有何难。
登高自卑终达巅，
毋急毋荒毋盘桓。
神州茫茫多荆棘，
仍须消灭极加餐。

——邓中夏

《邓中夏全集》（上），人民出版社 2014 年版，第 85 页

我们信任一个人，第一要注意他的说话和他的行为符合不符合。这一点，我想也是我们做革命工作的人应注意的。

——邓中夏

《邓中夏全集》（中），人民出版社 2014 年版，第 979 页

工作要紧，个人的事是小事。情况复杂，意见不一，自己再去追究，又增多了事情，引起不和，一切都要靠事实来作结论。

——刘志丹

《刘志丹文集》，人民出版社 2012 年版，第 77 页

　　我从历史上知道，有学问的人，要干正义的事业，一定会碰不少钉子，受磨难，受挫折，受诬陷，甚至送命。但逆境也是一种锻炼。人的一生中一定会碰到有人耍手段，搞诡计。但我对同志总是以真诚对待的，不管别人怎么说，我不会计较的。我相信正直也会感动有良心的人，一定会战胜邪恶。我要生而益民，死而谢民。

——刘志丹

《刘志丹文集》，人民出版社 2012 年版，第 77 页

# 现在离开是暂时的，是要想谋将来永远幸福

　　我们现在离开是暂时的，是要想谋将来永远幸福，所以你我不必以为是一件可忧的事。我们应该在这时期中大家努力做，寻我们将来永远的幸福，这是一件何等快乐的事呵。

——张太雷

《张太雷文集》，人民出版社 2013 年版，第 4 页

张太雷与陆静华结婚时的合影（一九一八）

孝就是尊重老人，这是中国的优良传统。如果红军不孝顺，那就会失去民心。

——刘志丹

《刘志丹文集》，人民出版社 2012 年版，第 82 页

你的所愿，我将赴汤蹈火以求之；你的所不愿，我将赴汤蹈火以阻之。不能这样，我怎能说是爱你！

——高君宇

《高君宇文集》，人民出版社 2011 年版，第 210 页

我希望你从此愉快，但凡你能愉快，这世上是没有什么可使我悲哀了！

——高君宇

《高君宇文集》，人民出版社 2011 年版，第 210 页

愿我们的友谊也和双手一样，可以紧紧握着的，也可以轻轻放开。

——高君宇

《高君宇文集》，人民出版社 2011 年版，第 211 页

母親：

知久不寫信請安了，因為我讀書太忙就擱起。

我來陝甘，大約父親已寫信回來了，不過我來這裏是脫朋友的情面不脫，所以略將來省教員幾個月。但是我讀的書還太少，还不够用，所以决定过三個月後，不当教员而上临去读书。

父親前月又發了一次脚病好了。

一兩年間我是要讀書不能賺錢付回來，不在父親手裏批錢用了。達廉說如何我親修剩的錢为什把所有的賬稳還清也是好事。

蹚滌可以到長沙（武来账该我去英可以二块来。地有委常的，連陝渭思錢都节了柴际读书。

大便好，賢懷呢？他有意思出来读书，可惜我現在又没有錢，如果他有蓄储的钱，可够一年之用也只好出来。

男隨收上

邓中夏手迹

191

培之，忘掉我！不要为我的牺牲而悲痛，集中精力进行战斗，继续努力完成党的事业……

——王若飞

《王若飞文集》，人民出版社 2014 年版，第 106 页

我自幼即受舅父庇护教养，以至成人。不仅现时所有知识能力，受舅父之赐，即生命亦受之舅父。

——王若飞

《王若飞文集》，人民出版社 2014 年版，第 133 页

我今日为舅父祝寿，是在以下的意义之上：

第一是舅父可纪念的生平。

第二是现时清贫可乐的生活。

第三是有可快慰的家庭。

第四是舅父绘画艺术的进步。

第五是舅父的健康而多寿。

——王若飞

《王若飞文集》，人民出版社 2014 年版，第 134—135 页

不写信又三个月了，知双亲一定挂念，但儿又何尝不惦念双亲呢。儿一向很好，想双亲及祖母……均安康如常？

——邓恩铭

《邓恩铭文集》，人民出版社 2013 年版，第 79 页

儿生性与人不同，最憎恶的是名与利，故有负双亲之期望，但所志既如此，亦无可如何。

——邓恩铭

《邓恩铭文集》，人民出版社 2013 年版，第 79 页

邓恩铭 (1901—1931)，中国无产阶级革命家，中国共产党创始人之一。字仲尧，又名黄伯云，贵州荔波人，水族。五四运动时，组织励新学会，创办《励新》半月刊。1921 年春参与创建山东的中国共产党早期组织。1921 年 7 月出席中国共产党第一次全国代表大会，会后，回济南建立中共山东支部，任支部委员。次年赴莫斯科出席远东各国共产党及民族革命团体第一次代表大会。回国后，主要从事工人运动，领导了胶济铁路工人和青岛日商纱厂工人大罢工。1925 年 8 月，任中共山东地方执行委员会书记。1927 年 4 月，出席在武汉召开的中共五大。回到山东后，任中共山东省执行委员会书记。党的八七会议后，任中共山东省委委员。1928 年春，任中共青岛市委书记，同年 12 月在济南被国民党当局逮捕，曾领导越狱斗争，后英勇就义。

我还是希望青年们知道，恋爱果然是神圣的；然而在人生问题，不从经济方面看得着根本解决以后，不要想恋爱问题会有满意解决的日子。……我们只能由人生问题解决恋爱问题，断不能由恋爱问题解决人生问题。

——恽代英

《恽代英全集》（第六卷），人民出版社 2014 年版，第 353 页

向警予手迹

儿在外，当勤通书信，不使老人悬念。儿自己身体亦当格外保养，决不敢因循敷衍，遗两亲忧。我慈爱之两亲，儿决不虚言以取两亲一时之欢也。

——向警予

《向警予文集》，人民出版社 2011 年版，第 307 页

事业一层，不必太求急进。平常人所视为荣辱得失者，自吾辈视之真不值一笑！吾辈当求真心得，做真事业，尤其要树好身体基础，兄以为何如？

——向警予

《向警予文集》，人民出版社 2011 年版，第 310 页

# 学习篇

★ 知识是引导人生到光明与真实境界的灯烛

★ 符合实际的认识便是真理

★ 革命的理论永不能和革命的实践相离

# 知识是引导人生到光明与真实境界的灯烛

桐叶落而天下惊秋，听鹃声而知气运。

——李大钊

《李大钊全集》（第二卷），人民出版社 2013 年版，第 332 页

知识是引导人生到光明与真实境界的灯烛，愚暗是达到光明与真实境界的障碍，也就是人生发展的障碍。

——李大钊

《李大钊全集》（第二卷），人民出版社 2013 年版，第 470 页

宗教是以信仰的形式示命人类行为的社会运动，宗教的信仰就是神的绝对的体认，故宗教必信仰神。既信仰神，那么心灵上必受神定的天经地义的束缚，断无思想自由存在的余地。

——李大钊

《李大钊全集》（第四卷），人民出版社 2013 年版，第 98 页

一九〇五年在永平府中学堂读书时的李大钊

要想依自己心灵的活动，求得真知而确信，非先从脱离宗教的范围作起不可。那么我们非宗教者，实在是为拥护人人的思想自由，不是为干涉他人的思想自由。

——李大钊

《李大钊全集》（第四卷），人民出版社 2013 年版，第 98 页

无新思想即无新学说，无新学说即无新世界。新世界之所以发生，即人心对于现在世界有所怀疑之结果，则怀疑之关系亦大矣。

——恽代英

《恽代英全集》（第一卷），人民出版社 2014 年版，第 18—19 页

以修养思考力为目的而读书，则所读之书，必择其为富有思想之著述。而读之之法，亦惟以了解其思想之究竟为要。

——恽代英

《恽代英全集》（第一卷），人民出版社 2014 年版，第 158 页

无论所读何书，常以研究之态度而读之。即谓于了解其思想究竟之后，必再加以研究，问其思想之正确与否，何如为正确，或何如为不正确也。吾人以此研究之态度而读书，此乃吾人以修养思考力而读书之惟一方法。

——恽代英

《恽代英全集》（第一卷），人民出版社 2014 年版，第 159 页

智识未有不从经验中得来者也。凡可名为智识者，或由吾人简单之经验而认识之，或由吾人复杂之经验而推知之。前者如声色臭味之辨别，后者如各种学术之原理。总之凡可称为智识者，非直接从经验中得来，即间接从经验中得来。

——恽代英

《恽代英全集》（第一卷），人民出版社 2014 年版，第 337 页

我们大家是摸黑路，一条路不能通，自然要另摸别一条路。所以改变主义，并不能证明我们是无定见。跟着几个指导者改变主张，并不能证明我们是盲从。我们不要以固执成见为什么好品性，我们欢迎知道错了便改的人。

——恽代英

《恽代英全集》（第五卷），人民出版社 2014 年版，第 46 页

凡是你不懂的，你便应当虚心去学习。你须知道你现在所居住的已经完全是一个新的世界，你决不能用你父亲或祖父的生活方法来过你的日子。

——恽代英

《恽代英全集》（第八卷），人民出版社 2014 年版，第 394 页

青年最急要了解的是什么？是要了解现在的世界。不要说你有什么知识或是说你有什么主张，你若连现在的世界都还不了解是一个什么东西，你那些一切都只是说梦话。

——恽代英

《恽代英全集》（第八卷），人民出版社 2014 年版，第 395 页

# 符合实际的认识便是真理

言国情者，必与历史并举，抑知国情与历史之本质无殊，所异者，时间之今昔耳。昔日之国情，即今日之历史；来日之历史，尤今日之国情。

——李大钊

《李大钊全集》（第一卷），人民出版社 2013 年版，第 206 页

　　道德者利便于一社会生存之习惯风俗也。古今之社会不同，古今之道德自异。而道德之进化发展，亦泰半由于自然淘汰，几分由于人为淘汰。

——李大钊

《李大钊全集》（第一卷），人民出版社 2013 年版，第 429 页

我们要晓得一切过去的历史，都是靠我们本身具有的人力创造出来的，不是那个伟人、圣人给我们造的，亦不是上帝赐予我们，将来的历史，亦还是如此。

——李大钊

《李大钊全集》（第三卷），人民出版社 2013 年版，第 280 页

社会的学说的用处，就在解决个人与社会间的权限问题。凡不能就此问题为圆满的解决者，不足称为社会的学说。

——李大钊

《李大钊全集》（第三卷），人民出版社 2013 年版，第 326 页

凡是一种学问，或是一种知识，必于人生有用，才是真的学问，真的知识，否则不能说他是学问，或是知识。

——李大钊

《李大钊全集》（第四卷），人民出版社 2013 年版，第 565 页

夫以科学说明真理，事事求诸证实，较之想象武断之所为，其步度诚缓；然其步步皆踏实地，不若幻想突飞者之终无寸进也。宇宙间之事理无穷，科学领土内之膏腴待辟者，正自广阔。青年勉乎哉！

——陈独秀

《陈独秀文集》（第一卷），人民出版社 2013 年版，第 96 页

理无绝对之是非，事以适时为兴废。

——陈独秀

《陈独秀文集》（第一卷），人民出版社 2013 年版，第 105 页

我们无论主张什么，第一步是问要不要，第二步是问能不能。若是不能，那"要"仍然是一个空想。

——陈独秀

《陈独秀文集》（第二卷），人民出版社 2013 年版，第 120 页

道德是应该随时代及社会制度变迁，而不是一成不变的；道德是用以自律，而不是拿来责人的；道德是要躬行实践，而不是放在口里乱喊的，道德喊声愈高的社会，那社会必然落后，愈堕落。

——陈独秀

《陈独秀文集》（第四卷），人民出版社 2013 年版，第 649 页

符合实际的认识便是真理。

——瞿秋白

《瞿秋白文集：政治理论编》（第四卷），人民出版社 2013 年版，第 15 页

使学问与职业一贯，则学问上当注重适合社会之实用。适合社会之实用如何乎？曰：在智识方面，须有充分之职业教育；在道德方面，须有谦恭服从之涵养；在体质方面，须有能耐劳苦之能力。社会之用一人，必求得一人之用。

——恽代英

《恽代英全集》（第二卷），人民出版社 2014 年版，第 47 页

革命不是可以在研究室里干的，一定要到群众中做实际的工作。

——张太雷

《张太雷文集》，人民出版社 2013 年版，第 373 页

我们研究一种学说，必定要拿来与我们的比较，究竟不同之点在哪里，然后取长补短，才不至于徒劳无功。

——邓恩铭

《邓恩铭文集》，人民出版社 2013 年版，第 16 页

经济的关系支配着人类的行动。尤其社会的进展，和现代国际的问题，必然被经济的关系所决定。

——林育南

《林育南文集》，人民出版社 2014 年版，第 194 页

主义不是宗教，是一种方法。是用他向各方面改造的方法，不限于政治经济方面。

——高君宇

《高君宇文集》，人民出版社 2011 年版，第 59 页

　　林育南（1898—1931），中国共产党早期领导人之一。湖北黄州（今黄冈）人。又名毓兰，号湘浦。五四运动时参加领导武汉学生爱国运动。1921年加入中国共产党，参与领导京汉铁路工人大罢工等。曾任中国劳动组合书记部武汉分部主任、湖北全省工团联合会秘书主任、《中国青年》主编、中国社会主义青年团中央书记、中华全国总工会常委兼秘书长、全国苏维埃中央准备委员会秘书长等职。1927年大革命失败后在武汉、上海等地从事秘密工作。是中共第五届候补中央委员。1931年2月7日英勇牺牲于上海龙华。

一切宗教哲学的发生都是当时当地社会生活的反映。时代变动，环境变动，这些宗教哲学也必然要随之变动。

——王若飞

《王若飞文集》，人民出版社 2014 年版，第 104 页

在日本留学时的王若飞（左一）

我之读宗教书籍，只是为知道当时及现在人们的社会生活怎样在思想上反映出来，我们的哲学，是认为一切东西都是在流动变化着。我们不仅要认识世界，而且是要改造世界。这样的精神，刚与《金刚经》所谓的，"一切有为法，如梦幻泡影，如露亦如电，应作如是观"的静的观点相反。

——王若飞

《王若飞文集》，人民出版社 2014 年版，第 104—105 页

从多年的经验看，我们党犯"左"的错误多，这是小资产阶级急性病、狂热病的表现，企图一个早上把一切都变个样。他们看了一点马列的书，不看中国的实际，以空想代替现实，不讲方法策略，因此总是失败。有这种思想的人，再和个人主义结合起来，就抓权，想当轰轰烈烈的大英雄，因之反对一切不同的意见。

——刘志丹

《刘志丹文集》，人民出版社 2012 年版，第 78 页

刘志丹为平民小学学生书写的影格

　　你们做工、研究，要十二分踏实。我回国后打破了不少的空梦。

——罗亦农

《罗亦农文集》，人民出版社 2011 年版，第 71 页

# 革命的理论永不能和革命的实践相离

我们研究历史的任务是：

一、整理事实，寻找它的真确的证据。

二、理解事实，寻出它的进步的真理。

——李大钊

《李大钊全集》（第四卷），人民出版社 2013 年版，第 466 页

教育家之整理教育，其术至广，而大别为三：一曰教育之对象，一曰教育之方针，一曰教育之方法。教育之对象者，即受教育者之生理的及心理的性质也；教育之方针者，应采何主义以为归宿也；教育之方法者，应若何教授陶冶以实施此方针也。三者之中，以教育之方针为最要：如矢之的，如舟之柁。不此是图，其他设施，悉无意识。

——陈独秀

《陈独秀文集》（第一卷），人民出版社 2013 年版，第 104 页

马克思搜集了许多社会上的事实，一一证明其原理和学说。所以现代的人都称马克思的学说为科学的社会学，因为他应用自然科学归纳法研究社会科学。马克思所说的经济学或社会学，都是以这种科学归纳法作根据，所以都可相信的，都有根据的。现代人说马克思为科学的社会主义，和空想的社会主义不同，便是在此。这便是马克思实际研究的精神。

——陈独秀

《陈独秀文集》（第二卷），人民出版社 2013 年版，第 249—250 页

　　我很希望青年诸君能以马克思实际研究的精神研究社会上各种情形，最重要的是现社会的政治及经济状况，不要单单研究马克思的学理，这是马克思的精神。

——陈独秀

《陈独秀文集》（第二卷），人民出版社 2013 年版，第 250 页

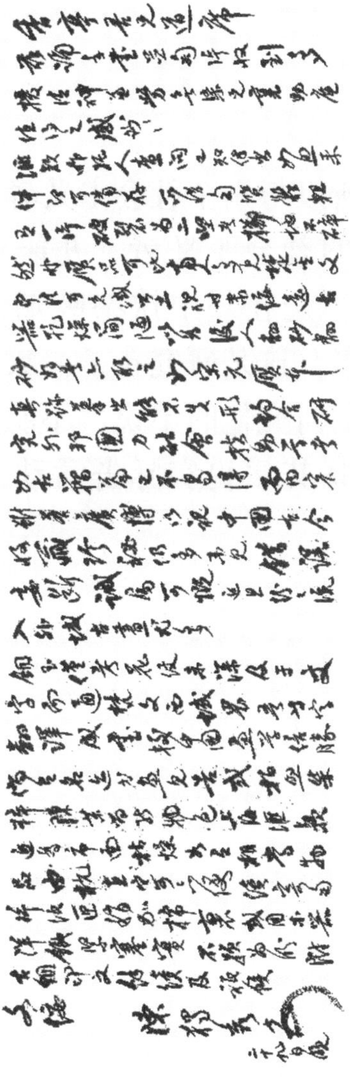

陈独秀手迹

马克思所以与别个社会主义者不同，因为他是个革命的社会主义者。凡能实际活动者才可革命，不是在屋中饮茶吸烟，研究其学理，便可了事，这是研究孔子、康德的学问一样罢了。我们研究他的学说，不能仅仅研究其学说，还须将其学说实际去活动，干社会的革命。

——陈独秀

《陈独秀文集》（第二卷），人民出版社 2013 年版，第 250 页

马克思的社会主义是注重客观的事实，不是主观的理想的；他不独要有改造的必要，还要有改造的可能。

——陈独秀

《陈独秀文集》（第二卷），人民出版社 2013 年版，第 412 页

一切幻想碰到实际，便如霜雪见了太阳。

——陈独秀

《陈独秀文集》（第四卷），人民出版社 2013 年版，第 572 页

研究社会科学，当严格的以科学方法研究一切，自哲学以至于文学，作根本上考察，综观社会现象之公律，而求结论。

——瞿秋白

《瞿秋白文集：政治理论编》（第二卷），人民出版社 2013 年版，第 9 页

革命的理论永不能和革命的实践相离。

——瞿秋白

《瞿秋白文集：政治理论编》（第四卷），人民出版社 2013 年版，第 407 页

徐悲鸿素描《鲁迅与瞿秋白》

　　不仅党的领导核心，而且宣传鼓动人员都
应有深厚的马克思列宁主义的理论修养，否
则，党就有丧失必要的思想基础的危险，而只
有这种必要的思想基础，才能在风云多变的形
势中，在对党与革命进程具有重大意义的复杂
的政治问题上，正确地掌握方向。

——瞿秋白

《瞿秋白文集：政治理论编》（第六卷），人民出版社 2013 年版，第 274 页

学问要自己求，境遇要自己处。

——恽代英

《恽代英全集》（第三卷），人民出版社 2014 年版，第 60 页

我以为现在的新文学若是能激发国民的精神，使他们从事于民族独立与民主革命的运动，自然应当受一般人的尊敬；倘若这种文学终不过如八股一样无用，或者还要生些更坏的影响，我们正不必问他有什么文学上的价值，我们应当像反对八股一样地反对他。

——恽代英

《恽代英全集》（第五卷），人民出版社 2014 年版，第 225 页

论到社会科学要怎样研究呢！我想与其从理论的书籍下手，不如从具体的事实下手。在我们没有懂得具体的事实以前，我们去研究理论，若不是惝恍的闹不清楚，亦很会只懂得字面上的话头，而不懂得他所代表的真意义。

——恽代英

《恽代英全集》（第六卷），人民出版社 2014 年版，第 187 页

久居暗室的人，若骤然见着强光，他是要看不惯的。但是，这不过是一时的事情！我们要给光明于人，须先的酌量他的知识觉悟程度，总要使他能够乐于接受。所以我们不要怪人家不肯接受光明，要估量我们给光明的方法是不是有些不合当的地方。

——恽代英

《恽代英全集》（第八卷），人民出版社 2014 年版，第 16 页

革命是被压迫民众要解决他们所受的实际的压迫。一种主义，只是解决这种实际压迫的理论。民众决不会为一个空洞的理想或主义奋斗的，所以若不根据民众实际生活研究宣传主义，决不能号召革命运动。

——恽代英

《恽代英全集》（第八卷），人民出版社 2014 年版，第 200 页

中学教育是向上直进的，是纵的。师范教育是平面发展的，是横的。

——王尽美

《王尽美文集》，人民出版社 2011 年版，第 8 页

教育的路线，要适合当时革命的潮流，适合当时最进步革命的阶级的利益思想。

——王若飞

《王若飞文集》，人民出版社 2014 年版，第 131 页

王尽美 (1898—1925)，中国无产阶级革命家，中国共产党创始人之一。原名瑞俊，字灼斋，山东莒县北杏村（今属诸城市）人。1918年考入山东省立第一师范学校。1919年五四运动爆发后，积极参与和领导学生、市民运动。之后，发起组织励新学会，主编《励新》半月刊。1921年春在济南建立中国共产党早期组织，7月出席中国共产党第一次全国代表大会。1922年1月出席在莫斯科召开的远东各国共产党及民族革命团体第一次代表大会。回国后任中国劳动组合书记部山东分部主任。7月出席中国共产党第二次全国代表大会，参与制定党的最高纲领和最低纲领。1923年10月，中共济南地方执行委员会成立，任委员长兼宣传部主任。1924年1月参加中国国民党第一次全国代表大会。1925年3月，中共山东地方执行委员会成立，任委员，后在全省主要是青岛开展国民会议运动和工人运动。1925年8月病逝于青岛。

绝对不能把学生的学校生活与实际社会政治生活隔离起来，绝对不能把学生们限制在专门求学时代而完全禁绝他们本能的社会活动与自动实践的要求。而是要正确领导他们积极参加实际社会政治工作，要努力使课堂的讲授，与生活的实践打成一片。

——王若飞

《王若飞文集》，人民出版社 2014 年版，第 131—132 页

　　学问事业，原不是教师们能给予我的，根本还在自己的努力。但是仅止空空洞洞的努力，仍旧得不到结果的。第一要有目标，就是要知道我为什么读书；第二要有方法，就是要知道我应怎样读书。这样有目标有方法的读书，才能得着读书的结果，发生读书的效率。

——向警予

《向警予文集》，人民出版社 2011 年版，第 182 页

环境于人的影响极大，亲师取友，问道求学是创造环境改进自己的最好方法，你们于潜心独研外更要注意这一点，万不要一事不管，一毫不动，专门只关门读死书。

——向警予

《向警予文集》，人民出版社 2011 年版，第 305 页

责任编辑：吴继平

装帧设计：王欢欢

责任校对：吕　飞

**图书在版编目（CIP）数据**

中共先驱领袖名言录 / 张显 储峰 王国娟 编著 . —北京：
人民出版社，2016.7

ISBN 978 – 7 – 01 – 016392 – 5

I. ①中… II. ①张…②储…③王… III. ①中国共产党 –
领袖 – 语录 IV. ① D2 – 0

中国版本图书馆 CIP 数据核字（2016）第 138614 号

### 中共先驱领袖名言录
ZHONGGONG XIANQU LINGXIU MINGYANLU

张显 储峰 王国娟 编著

**人民出版社** 出版发行

（100706 北京市东城区隆福寺街 99 号）

北京盛通印刷股份有限公司印刷 新华书店经销

2016 年 7 月第 1 版 2016 年 7 月北京第 1 次印刷

开本：850 毫米 × 1168 毫米 1/32 印张：7.875

字数：100 千字

ISBN 978 – 7 – 01 – 016392 – 5 定价：36.00 元

邮购地址 100706 北京市东城区隆福寺街 99 号

人民东方图书销售中心 电话（010）65250042 65289539